Patricia Ferreira

E-Learning in der betrieblichen Praxis

Erfahrungen der Personalentwicklungsverantwortlichen mit der Nutzung von E-Learning-Elementen in der betrieblichen Weiterbildung

GRIN Verlag

Bibliografische Information der Deutschen Nationalbibliothek:

Die Deutsche Bibliothek verzeichnet diese Publikation in der Deutschen National-
bibliografie; detaillierte bibliografische Daten sind im Internet über http://dnb.d-
nb.de/ abrufbar.

Impressum:

Copyright © 2007 GRIN Verlag GmbH
Druck und Bindung: Books on Demand GmbH, Norderstedt Germany
ISBN: 978-3-638-87391-8

Dieses Buch bei GRIN:

http://www.grin.com/de/e-book/83648/e-learning-in-der-betrieblichen-praxis

GRIN - Your knowledge has value

Der GRIN Verlag publiziert seit 1998 wissenschaftliche Arbeiten von Studenten, Hochschullehrern und anderen Akademikern als eBook und gedrucktes Buch. Die Verlagswebsite www.grin.com ist die ideale Plattform zur Veröffentlichung von Hausarbeiten, Abschlussarbeiten, wissenschaftlichen Aufsätzen, Dissertationen und Fachbüchern.

Fakultät für Kulturwissenschaften

Lehrstuhl für Arbeits- und Organisationspsychologie

Frei wissenschaftliche Arbeit zur Erlangung des Grades einer

Diplom-Kauffrau an der Fakultät für Wirtschaftswissenschaften an

der Universität Paderborn

In welcher Form werden E-Learning-Elemente in der betrieblichen Weiterbildung genutzt und welche Erfahrungen haben die Personalentwicklungsverantwortlichen damit gemacht?

Paderborn, den 15. Mai 2007

Abstract

Diese Diplomarbeit widmet sich dem Thema E-Learning. Dabei geht es speziell um die E-Learningformen und die Erfahrungen, die Personalentwicklungsverantwortliche damit gemacht haben. Zum einen besteht das Ziel darin einen aktuellen Überblick über die unterschiedlichen E-Learningformen zu geben und diese voneinander abzugrenzen, sowie Vor- und Nachteile der jeweiligen Form und zu E-Learning allgemein zu finden. Außerdem finden auch einige Ergebnisse anderer Studien zu ähnlichen Themen Betrachtung.

Zum anderen hat diese Diplomarbeit das Ziel neue und aktuelle Ergebnisse mit Hilfe einer eigens durchgeführten empirischen Studie zu erzielen. Es soll herausgefunden werden, welche Erfahrungen Unternehmen, die bereits E-Learning im Programm haben, damit gemacht haben.

Die Theorie dieser Arbeit basiert auf der Eingliederung des E-Learnings in die betriebliche Weiterbildung sowie der Theorie synchroner und asynchroner Kommunikationsformen.

Die Informationen zum theoretischen Teil dieser Arbeit wurden durch die Sichtung der einschlägigen Literatur gewonnen. Die Methodik der Studie hält sich stark an die Erklärungen von Bortz & Döring (1995). Die Ergebnisse der Studie wurden mittels eines Fragebogens, dessen Fragenkatalog sowohl offene Fragen, als auch Fragen mit vorgegebenen Antwortmöglichkeiten anbot, gewonnen. Dieser wurde in den meisten Fällen von den Befragten selbstständig ausgefüllt. Es fanden aber auch einige telefonische und persönliche Interviews statt.

Das Ergebnis der Studie ähnelt bei einigen Fragen stark an die Ergebnisse anderer Studien, jedoch ergeben sich auch neue Aspekte und Kritikpunkte. Vor allem bieten die gewonnenen Erkenntnisse neue Anknüpfpunkte für eine detailliertere Betrachtung und vertiefende Forschung zum Thema „Erfahrung mit E-Learning in Unternehmen".

Inhaltsverzeichnis

Abbildungsverzeichnis

The "e" in e-Learning stands for education -- we too often forget that -- it is not about bandwidth, servers, and cables. It is about education - first and foremost.

Ken Gaines, East-West University
(Vgl. Masie, 2004)

Theoretischer Teil

1. Einleitung

1.1. Problemstellung

Computer finden sich heute überall in unserem Berufsleben und privatem Alltag wieder und sind so gut wie gar nicht mehr wegzudenken. Längst sind Vorstellungen, wie die elektronische Steuerung sämtlicher Geräte in einem Haushalt per Computer oder Handy keine Fiktion mehr. Fast jeder Lebensbereich wird mittlerweile durch Computer ersetzt, ergänzt oder beeinflusst. Auch in der Bildung hat sich dieser Fortschritt durchgesetzt und so kamen in den 90iger Jahren z.b. die ersten Lerndisketten für die betriebliche Weiterbildung auf den Markt.

Doch der prognostizierte E-Learning Hype der 90iger Jahre blieb aus.

Nur die großen Unternehmen waren hauptsächlich in der finanziellen Lage E-Learning Projekte durchzuführen um so ihren Mitarbeitern ein eigenes E-Learning Weiterbildungsangebot anbieten zu können. Aufgrund der zu hohen Erwartungen an E-Learning und der fehlenden Mitarbeiterakzeptanz platzte die "E-Learning Blase" sehr schnell wieder. Grund waren u.a. die teils mangelnde Qualität der E-Learning Programme, teils die fehlende Kommunikation und Aufklärung der Mitarbeiter in Bezug auf E-Learning und dessen Vorteile.

Heute sieht die Welt wieder etwas anders aus. E-Learning wird nicht mehr als "Allheilmittel" betrachtet, sondern als ein Lernmedium neben den üblichen Präsenztrainings. Durch die fortschreitenden technischen Entwicklungen hat sich auch E-Learning in den letzten 10-15 Jahren, seit seiner "Einführung" stark verändert. So haben sich unterschiedliche Formen gebildet, die z.B. internetabhängig oder -unabhängig sind. Auch verschiedenen Kommunikationsformen innerhalb der Programme sind entstanden, wie Chat oder Foren.

Nachdem der Hype nachließ, konzentrierten sich die Entwickler und Weiterbildungsabteilungen verstärkt auf die Qualität und die Gewinnung der Mitarbeiterakzeptanz durch internes Marketing und das Schaffen besserer

1

Rahmenbedingungen. Auch mittelständische Betriebe ziehen mittlerweile den Einsatz von E-Learning in Betracht, jedoch meist in kleinerem Rahmen.

Allerdings haben aber auch viele Unternehmen ihr E-Learning Programm nach erfolglosem Start eingestellt oder auf ein Minimum reduziert, so dass man sagen kann, dass es insgesamt noch keinen gleichmäßigen, flächendeckenden Einsatz von E-Learning in Deutschland gibt.

Das Thema E-Learning wird indessen auch in (Markt)Studien thematisiert, in denen speziell die Verbreitung, aber auch die Inhalte von E-Learning in Unternehmen untersucht werden. Ein wesentlicher Grund für die Durchführung solcher Studien ist u.a. die Suche nach einer Erklärung für das Scheitern des E-Learning Booms. Einige dieser Studien sind bereits veraltet oder greifen das Thema Erfahrungen mit E-Learning nicht detailliert genug auf. An dieser Stelle soll diese empirische Arbeit anknüpfen.

Im Folgenden wird eine kurze Übersicht über die Zielsetzung, sowie den Aufbau dieser Arbeit gegeben.

1.2. Ziele der Arbeit

Gemäß der Aufgabenstellung hat diese Arbeit zwei Hauptziele.

Erstes Ziel ist es, einen aktuellen Überblick über die unterschiedlichen E-Learningformen zu geben und diese voneinander abzugrenzen, sowie Vor- und Nachteile der jeweiligen Form und zu E-Learning allgemein zu finden. Generell soll das Bewusstsein geschaffen werden, dass E-Learning nicht einfach nur dem Lernen mit Hilfe eines Computers entspricht, sondern die Thematik und Problemstellung noch viel tiefgreifender sind. Dadurch, dass die Veränderungen im technologischen Bereich sehr schnelllebig sind und sich somit seit den Anfängen des E-Learning sehr viel verändert hat, stellt die Vorstellung der Definitionen und Erklärungen möglichst vieler Autoren ein Unterziel des theoretischen Teils dieser Arbeit dar. Darüber hinaus besteht das Ziel einen Überblick über bisherige Studien zur Thematik, speziell wie E-Learning in die betriebliche Weiterbildung integriert ist, zu verschaffen.

Das zweite Ziel umfasst die empirische Studie. Es soll herausgefunden werden, welche Erfahrungen die Unternehmen, die bereits E-Learning im Programm haben, mit E-Learning gemacht haben. Mit Hilfe einer eigens durchgeführten Studie sollen Antworten auf Fragen, wie zum Beispiel

@ In welchen Themenbereichen kommt E-Learning am häufigsten zum Einsatz?

@ Wer stellt den Anwenderschwerpunkt dar?

@ Welche E-Learningformen werden am häufigsten genutzt? u.s.w.

gefunden werden.

Abhängig davon, wie die Antworten der befragten Unternehmen und damit die Auswertung ausfallen, besteht ein weiteres Ziel darin, Empfehlungsmaßnahmen aus den bisherigen Erfahrungen abzuleiten.

1.3. Aufbau der Arbeit

Nach einer kurzen Einleitung in das Thema E-Learning wird im 2. Kapitel als Einstieg der Begriff Weiterbildung definiert. Es ist wichtig das Umfeld von E-Learning vorab abzugrenzen um den theoretischen Hintergrund kennen zu lernen, in welches E-Learning eingegliedert wird, da E-Learning eine (neue) Form der Weiterbildung darstellt.

Danach wird sich Kapitel 3 mit dem Thema Kommunikationsformen beschäftigen. Dort sollen zum besseren Verständnis einige Begriffe aus der Kommunikationstheorie kurz definiert werden, da diese im Verlauf des Textes immer wieder in Verbindung mit E-Learning auftauchen werden.

Das darauf folgende Kapitel 4 wird dann den ersten Schwerpunkt dieser Arbeit bilden. Es wird zunächst der Begriff E-Learning definiert und erläutert werden. Danach werden die in der Literatur am häufigsten genannten E-Learningformen ausführlich beschrieben. Ein besonderes Augenmerk fällt hier vor allem auf CBT (Computer Based Training), WBT (Web Based Training) und Blended Learning, die im Vergleich zu den anderen E-Learningformen etwas detaillierter beschrieben und mit ihren Unterausprägungen vorgestellt werden. Als Abschluss des Kapitels werden noch die gängigen Vor- und Nachteile von E-Learning vorgestellt.

Nachdem E-Learning und die betriebliche Weiterbildung in den vorhergegangenen Kapiteln definiert und beschrieben wurden, findet in Kapitel 5 die Verbindung von beiden Elementen statt, in dem unter anderem die Ergebnisse von Studien zu E-Learning in Unternehmen miteinbezogen werden und um diese Ergebnisse später mit denen der eigenen Studie vergleichen zu können.

Mit dem nächsten Kapitel wird der zweite große Schwerpunkt dieser Arbeit eingeleitet. Es werden die Rahmenbedingungen, die letztendlich auch die Erfolgsfaktoren für E-Learning darstellen, vorgestellt und beschrieben. Auch Strategien für die Motivation zur Nutzung von E-Learning werden Beachtung finden.

In den Kapiteln 7 bis 10 wird der empirische Teil dieser Arbeit vorgestellt. Als erstes wird die Ausgangsfragestellung kurz rekapituliert und anschließend die methodische Vorgehensweise der Studie vorgestellt. Dazu gehören zum Beispiel die Erstellung des Fragebogens, die Stichprobenbildung und die empirische Methode, sowie die eigentliche Durchführung der Studie. Danach erfolgt eine ausführliche Vorstellung und Interpretation der Fragebogenauswertung mit einer anschließenden Diskussion.

Abschließend erfolgt im 11. Kapitel ein Ausblick in die Thematik E-Learning, welches auch den Abschluss dieser Arbeit bildet.

2. Betriebliche Weiterbildung und Personalentwicklung

„Unter Weiterbildung ist die Gesamtheit aller direkten und indirekten Maßnahmen zu verstehen, mit deren Hilfe eine Erweiterung oder Veränderung der Fähigkeiten der Mitarbeiter und deren Anpassung an neue Erkenntnisse erfolgen soll." (Schreiber, 1994, S. 269)

Bei der Frage, was Personalentwicklung überhaupt ist, definiert OLFERT sie folgendermaßen: „Die Personalentwicklung kann als die Gesamtheit der Maßnahmen verstanden werden, welche die Verbesserung der Mitarbeiterqualifikation zum Ziel hat." Dabei unterscheidet er die drei Aufgaben Ausbildung, Fortbildung und Umschulung, wobei im Rahmen dieser Arbeit nur die Personalentwicklung in Form von E-Learning in der Fortbildung bzw. Weiterbildung betrachtet wird. Zur Fortbildung schreibt OLFERT wie folgt: „[...] die Aufgabe hat, die beruflichen Kenntnisse und Fertigkeiten zu erweitern und den Entwicklungen anzupassen." (Vgl. Olfert, 1993, S. 327) Fortbildung kann somit zwei Aufgaben haben, nämlich die Funktion zur Anpassung der fachlichen Qualifikation an die Erfordernisse und/oder den Erwerb von zusätzlichen Qualifikationen insbesondere zum beruflichen Aufstieg. (Vgl. ebd.)

Eine etwas anders formulierte Definition von Personalentwicklung findet man bei SCHREIBER. Er sieht den Begriff Personalentwicklung als nicht eindeutig definiert und versteht darunter stattdessen eine Summe von Tätigkeiten mit den folgenden Zielen: a) gegenwärtige und künftige Anforderungsprofile von Aufgaben, bzw. Arbeitsplätzen im Unternehmen mit dem Qualifikationsniveau von Mitarbeitern in Einklang zu bringen, b) eine der persönlichen Entwicklungs- und Karriereziele Integration mit den Unternehmenszielen zu erreichen, c) durch Bildungsmaßnahmen in immer kürzerer Zeit immer mehr Informationen lernend zu bewältigen. (Vgl. Schreiber, 1994, S. 257)

Weiterhin gilt es noch zu klären, welche Zielsetzung die betriebliche Weiterbildung hat. Laut STOPP besitzt die Fortbildung folgende Bestrebungen:

@ Vermittlung von Fach- und Spezialwissen zur Erhaltung der Anpassungsfähigkeit an gewandelte fachlich-berufliche Anforderungen

@ Weiterentwicklung der positionsbezogenen Fähigkeiten für eine bereits festgelegte zukünftige Tätigkeit und eine Schaffung einer Spezialisten- und Führungsreserve zur Besetzung frei werdender oder neuer Positionen ohne Neueinstellungen

@ Verbesserung der Führungstechnik von Vorgesetzten und Führungsnachwuchskräften

@ Steigerung des kooperativen Verhaltens der Mitarbeiter zur Erzielung einer besseren Zusammenarbeit der Mitarbeiter und der Förderung eines guten Betriebsklimas

@ Steigerung der Betriebsverbundenheit und der Leistungsbereitschaft aller Mitarbeiter durch Förderung der innerbetrieblichen Mobilität in Form von Entwicklungs- und Aufstiegsmöglichkeiten auf allen organisatorischen Ebenen.

(Vgl. Stopp, 1989, S.198)

DITTLER sieht die betriebliche Aus- und Weiterbildung als Kernaufgabe der Personalentwicklung. Dabei betrachtet er diese etwas differenzierter und unterscheidet zwischen drei Phasen, nämlich der Institutionalisierungsphase, der Differenzierungsphase und der Integrationsphase.

In der Institionalisierungsphase haben die Unternehmen noch keine konkreten Strategien für die Weiterbildung ihrer Mitarbeiter. Sie werden als reiner Produktionsfaktor gesehen, daher findet die Weiterbildung nur reaktiv statt, das heißt erst dann, wenn sich die betrieblichen Gegebenheiten soweit geändert haben, dass Mitarbeiter nicht mehr ausreichend arbeitsfähig sind. Die Aus- und Weiterbildung hat in dieser Phase nur das Ziel die Arbeitsfähigkeit der Mitarbeiter sicher zu stellen.

Bei der Differenzierungsphase liegt wiederum bereits eine strategische Planung bezüglich der Aus- und Weiterbildung vor. Sie basiert auf der Vorstellung, dass der Mitarbeiter ein Kostenfaktor ist, dessen Arbeitseffektivität durch die Vermittlung von Handlungskompetenz gesteigert werden soll.

In der letzten Phase, der Integrationsphase hat die Aus- und Weiterbildung das Ziel Potenziale der Mitarbeiter zu entfalten und auszuschöpfen. Der Mitarbeiter wird als Erfolgsfaktor und Potenzialträger gesehen, daher erfolgen die Bildungsmaßnahmen strategisch und proaktiv. (Vgl. Dittler, 2002, S. 14)

„Die grundsätzliche Zielsetzung der Personalentwicklung ist es, die Leistungsbereitschaft und die Leistungsfähigkeit aller Organisationsmitglieder zu optimieren. Personalentwicklung ist damit ein Prozess laufender Anpassungen der Qualifikation der Mitarbeiter sowie der beruflichen Entwicklung." (Sauter, 2004, S. 25)

SAUTER sieht in diesem Zusammenhang drei Lernformen, die einen entscheidenden Faktor darstellen.

@ situatives Lernen: Das Lernen erfolgt individuell und durch Eigeninitiative und wird durch die Führungskräfte gesteuert und von den Kollegen gecoacht. Arbeiten und Lernen werden eine Einheit, damit ist es die mit Abstand am effektivste Lernform

@ systematisches Lernen: Auch hier erfolgt das Lernen individuell, allerdings in organisierter Form in Förderprogrammen, Trainings- oder Lernprogrammen

@ Wissensmanagement: Das organisationale Lernen wird bei dieser Form durch den Austausch von Informationen, Erfahrungen und Eindrücken und gemeinsame Weiterentwicklung zu organisationalem Wissen.

(Sauter, ebd.)

So kommt es gemäß DICHANZ und ERNST in Zukunft immer mehr darauf an, dass möglichst schnell und effektiv auf die Entwicklungen des Marktes und der Wirtschaft reagiert werden kann. In diesem Zusammenhang fällt in der Literatur sehr oft das Schlagwort „lebenslanges Lernen", womit verstanden wird, dass die Qualifizierungen sich permanent und zügig wandeln werden.
(Vgl. Dichanz & Ernst, S.55)

Einen Überblick über die tatsächliche berufliche Weiterbildung zeigt Abbildung 1. Dort ist die Teilnahmequote an beruflicher Weiterbildung zwischen 1979 – 2003 in Deutschland dargestellt.

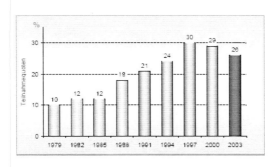

Abbildung 1. Berufliche Weiterbildung 1979 – 2003 nach BMBF (2006)

7

Wie aus Abbildung 1 ersichtlich, lag die Teilnahmequote an beruflicher Weiterbildung in 2003 bei 26% und ist damit seit 2000 um drei Prozent gesunken. Laut TNS Infratest entspricht dies einem Rückgang um rund 1,4 Millionen Teilnehmer. (BMBF, 2006, S. 54) Auch wenn die betriebliche Weiterbildung insgesamt etwas zurückgegangen ist, so wird diese auch in Zukunft eine wichtige Rolle spielen. Jedoch kann an dieser Stelle auch schon gesagt werden, dass dieser Rückgang auch die erschwerten Bedingungen für E-Learning, sich am Markt zu behaupten, erklärt.

Dieses Kapitel hat zunächst einen Einblick in die Begriffe Weiterbildung und Personalentwicklung gegeben. Wie E-Learning in diese Bereiche integriert ist, wird im Verlauf dieser Arbeit noch näher erörtert werden. Als nächster Schritt wird im folgenden Kapitel eine Übersicht über die unterschiedlichen Kommunikationsformen gegeben.

3. Kommunikationsformen

In der Literatur (z.B. Häfele 2004) werden zwei Formen von Kommunikationswerkzeugen unterschieden, nämlich synchrone und asynchrone Kommunikationstools.

Synchrone Kommunikationstools

Hierzu gehören Chats, Instant Messaging Systeme oder das so genannte virtuelle Klassenzimmer. Synchrone Kommunikation steht für Interaktionen ohne wesentliche Verzögerung. In den klassischen Lernformen, z.B. Unterricht im Klassenzimmer, ist dies automatisch gegeben. Lernende und Lehrender sitzen zusammen in einem Raum und kommunizieren durch Sprache oder gemeinsame Arbeitsflächen, wie z.B. Pinnwände oder Tafeln. (Vgl. Häfele, 2004, S. 16)

Asynchrone Kommunikationstools

Dieser Kategorie werden z.B. Diskussionsforen, E-Mails und Wiki-Web zugeordnet. Hauptmerkmal dieser Kommunikationsform ist die Kommunikation mit zeitlicher Verzögerung. Die klassische Form wäre z.B. die selbständige Ausarbeitung des Lernstoffs durch die Lernenden und die spätere Korrektur durch den Lehrer. Auch das Formulieren einer Frage per E-Mail und die spätere Antwort darauf, gehören zu dieser Kategorie. (Vgl. ebd.)

Die Abbildung 2 zeigt verschiedene Kommunikationsformen, die im E-Learning benutzt werden. Ob diese in der Praxis wirklich Anwendung finden, wird die empirische Studie im zweiten Teil dieser Arbeit zeigen.

Kommuni- kationsform	Kommunikations- art	Beschreibung
Chat	Synchron	– Direkte Kommunikation mit anderen Lernenden oder Lehrenden per Tastatur am Bildschirm – Live Diskussionen auf Textbasis – Informationsaustausch, Brainstorming – Mit und ohne Moderator – Verschiedene Chat-Räume für unterschiedliche Themen oder Gruppen
Forum/ Newsgroups	Asynchron	– Treffpunkt für Erfahrungsaustausch, Fragen, Übungen, Anregungen – Meist in Form Frage-Antwort – Verschiedene Foren für Arbeitsgruppen, Teletutoren, Unternehmen, bestimmte Themen – Themen sortierbar nach Autor, Datum
E-Mail	Asynchron	– Austausch von Nachrichten, Daten und Dokumenten – Sehr personenbezogen – Beantwortung von Rückfragen durch den Teletutor
Schwarzes Brett/ Pinnwand	Asynchron	– Ähnlich wie im Forum – Für Mitteilungen, Termine, Änderungen – Dient zur Bildung von Lernpartnerschaften
Feedback	Asynchron	– Rückmeldung zu Kursen, Übungen – Dient der Evaluation – Zur Unterstützung der Qualitätskontrolle und –verbesserung – Für den Lehrenden dient es der Fehlerbehebung
Internettelefonie	Synchron	– Wenig verbreitet – Funktioniert wie normales Telefon
Audiokonferenz	Synchron	– Zum Abhalten von Konferenzen mit Live-Charakter – Wie Internettelefonie, nur mit mehreren Personen
Videokonferenz	Synchron	– Zum Abhalten von Vorlesungen, Vorträgen oder Konferenzen mit Live-Charakter – Jeder kann jeden hören und sehen – Videobildübertragung jedes Teilnehmers

Benutzergalerie	Asynchron	– Visitenkarte oder Steckbrief der Teilnehmer – Anzeige wer online ist – E-Mail-Adressen hinterlegt

Up-/
Downloadzonen
	Asynchron	– Lehrende wie auch Lernende können damit
		  Dokumente, Übungen oder Lösungen auf der
		  Lernumgebung zur Verfügung stellen (Upload)
		– Ebenso können diese Dokumente zur Offline-
		  Bearbeitung herunter geladen werden (Download)

Document-Sharing	synchron	– Dasselbe Dokument, z.B. eine Tabelle kann
		  gleichzeitig von allen Lernenden bearbeitet
		  werden.
		– Jeder sieht sofort die Änderungen des anderen.

Whiteboard	Synchron	– Teletutor und Lernende erstellen gemeinsam ein
		  Dokument
		– Dokument erscheint auf allen Bildschirmen und
		  kann dort bearbeitet werden.

Application Sharing	Synchron	– Einsicht auf den Bildschirm eines anderen
		  Lernenden.
		– Vom eigenen Rechner aus kann auf andere
		  Rechner zugegriffen werden.
		– Zur Demonstration von Übungen,
		  Funktionsweisen

Zeitmanagement	Asynchron	– Terminplaner für die individuelle Terminierung von Lerneinheiten. – Abgabetermine für Übungen. – Besprechungs-, Konferenz-, Chat-Termine.

Abbildung 2. Kommunikationsformen nach Pförtsch (2002)

Im folgenden Kapitel wird zunächst der Begriff E-Learning definiert, sowie die verschiedenen E-Learningformen vorgestellt.

4. E-Learning

4.1. Definition

In der einschlägigen Literatur ebenso wie in der Anwenderpraxis finden sich viele verschiedene und uneinheitliche Definitionen für den Begriff E-Learning, die sich oftmals nur in kleinen Details unterscheiden. (Vgl. Schlottau, 2004, S. 96) Allerdings spielt in der E-Learning Literatur, besonders die Variable „Zeit" eine große Rolle, da die Bereiche Multimedia und Technik eine Branche sind, in denen sich die Veränderungsprozesse sehr schnell abspielen. So hat allein in den letzten Jahren ein Wandel im Bereich Kommunikationstechnik und Computertechnologie stattgefunden, der sich auch auf E-Learning auswirkt. Aus diesem Grund findet man oft sehr starke Unterschiede zwischen neuerer und älterer Literatur zu dieser Thematik. Zwischen beiden liegen oft nur wenige Jahre. Während in den 80iger und 90iger Jahren die Lernprogramme auf Disketten abgespeichert waren, wird E-Learning mittlerweile eher im Zusammenhang mit dem Internet gesehen wie das folgende Zitat aus einem Artikel der Zeitschrift PERSONAL (Jäger, 2001, S.374) zeigt:

„E-Learning heißt lernen mit elektronischen Medien. Dabei sind unterschiedliche Produktionsarten, Distributionsmedien und Anforderungsformen möglich. Aktuell werden die neuen, insbesondere die internettechnologie-basierten Medien, enger mit dem Begriff E-Learning in Verbindung gesetzt, als die „alten" elektronischen Medien mit ihren eher „broadcastbasierten" Anwendungsformen wie Schulfernsehen, Schulungsvideos, Telelearning oder Business-TV".

Als nächstes soll eine Definition vorgestellt werden, die vom Arbeitskreis TAB zusammengestellt wurde.

„E-Learning [...] bedeutet zunächst die Unterstützung von Lernprozessen mittels elektronischer Medien. Die Medien können dabei der selbstgesteuerten Informationsgewinnung dienen, die Kommunikation unterstützen oder Träger didaktisch strukturierter Lernmodule sein. Das Online-Lernen kann zwar die Potenziale von E-Learning am besten ausnutzen, ist aber nicht die ausschließliche Gestaltungsfunktion für E-Learning. [...] E-Learning-Angebote sind bislang vielfach noch von speziellen inhaltlichen und technischen Normungen und Standards geprägt; dadurch verfehlen sie bisweilen den spezifischen Nutzerbedarf. Während unter der inhaltsorientierten E-Learning-Variante die Distribution von meist multimedial aufbereiteten Lernmaterialien zu

verstehen ist, zielen die prozessorientierten Varianten des E-Learning auf die Nutzung
neuer Medien zur Gestaltung und Lenkung von Lernprozessen durch den Lehrenden ab.
Zudem gibt es in der Praxis häufig hybride Varianten (z.B. Blended Learning)." (Vgl.
TAB-Arbeitsbericht, 2005)

Eine detaillierte Betrachtung, wie sie hier bereits dargestellt ist, wird in den später
folgenden Unterkapiteln näher beschrieben.

SEUFERT (2001) beschreibt E-Learning als durch Informations- und
Kommunikationstechnologien unterstütztes Lernen. Wichtig ist, dass diese Technologien
mit dem Lernprozess selbst unmittelbar verbunden sind und nicht nur rudimentäre
Hilfsmittel darstellen. Weiter bestimmt SEUFERT den Begriff E-Learning über verschiedene
Polarisierungen. Demnach ist E-Learning:

@ personal oder organisational, d.h. es kann sich also sowohl auf das elektronisch
   unterstützte Lernen von Personen und Gruppen als auch von Organisationen
   beziehen
@ lokal oder verteilt, d.h. es kann auf lokal vorhandene Lernressourcen oder auf
   entfernte Ressourcen zugegriffen werden
@ synchron oder asynchron (siehe Kapitel 3)
@ individuell oder kollaborativ, d.h. es wird von einzelnen Personen oder
   Organisationen wahrgenommen oder von mehreren Personen oder Organisationen
   in einem gemeinschaftlichen Prozess ausgeübt
@ statisch oder interaktiv, d.h. Lerneinheiten können entweder wie in einem Buch
   rezipiert oder aber über Interaktionen vermittelt werden.
(Vgl. Seufert, 2001, S.13)

Die Feststellung, dass der Begriff E-Learning von vielen Autoren zum Teil
unterschiedlich, bzw. mit anderen Schwerpunkten definiert wird, wurde von KRAUSE näher
untersucht. Er hat dort die Definitionen verschiedener Autoren (Back, Rosenberg,
Nackte,...) verglichen und kommt dabei zum Schluss, dass die Definition nach SEUFERT
am besten geeignet ist, da diese sowohl auf die Lehr- und Lernprozesse, als auch auf
Wissen und Lerninhalt, sowie die Technologie eingeht. (Vgl. Krause, 2006, S.25)

Die Aussage SEUFERTs lautet: „eLearning findet statt, wenn Lernprozesse in Szenarien ablaufen, in denen gezielt multimediale und (tele)kommunikative Technologien integriert sind". (Seufert u.a., 2002, S. 45ff)

Auf die Frage welche Medien nun genauer zum Begriff E-Learning gezählt werden, geben SCHAPER & KONRADT eine Antwort. Sie verstehen E-Learning als computergestützte Form des Lernens, die sowohl als Einzelplatzanwendung in Form von (multimedial gestalteten) Lernprogrammen als auch unter Hinzuziehung von telekommunikativen Medien wie z.b. E-Mail, Videokonferenzen, Diskussionsforen oder Internet ablaufen. Damit stellen sie fest, dass E-Learning sich in diesem Zusammenhang nicht nur als Online- bzw. internetgestützte Lernform beschränkt, sondern auch alle Formen des computergestützten Lernens mit einbezieht. Fernsehen, Videofilme oder Tonkassetten, etc. werden jedoch nicht zum E-Learning dazu gezählt. (Vgl. Schaper & Konradt, 2004, S. 275)

KIRCHMAIR ordnet dem E-Learning folgende Merkmale zu:
- @ dynamischer, prozesshafter Charakter des Lernens und von Inhalten im Gegensatz zu statischen, starren Lernformen
- @ internetbasierte Kommunikation in Diskussionsforen, Chats und synchronen Formen der Kommunikation (z.B. Videokonferenzen, etc.)
- @ Die Integration von Präsenzphasen, ausschließliche Onlinephasen oder hybride Formen, im deutschen Sprachgebrauch oftmals mit „Blended Learning" bezeichnet.
- @ die Veränderung konventioneller Lehr- und Lernsituationen
- @ die Veränderung konventioneller Verhältnisse von Lehrenden und Lernenden

(Vgl. Kirchmair, 2004 a, S. 35)

Als nächstes werden in den folgenden Unterkapiteln die in der Literatur üblicherweise genannten Hauptformen des E-Learning genannt und näher beleuchtet. Dabei werden die Formen Computer Based Training und Web Based Training als nicht netzbasierte bzw. netzbasierte Formen des E-Learning eine etwas genauere Betrachtung finden.

4.2. Formen

Die folgende Aufstellung der E-Learningformen entspricht dem allgemeinen E-Learningverständnis in der Literatur, orientiert sich jedoch in ihren Hauptformen stark an der Aufteilung bei KÜPPER. Die Unterformen des CBT und WBT orientieren sich an SCHAPER & KONRADT.

4.2.1. Computer Based Training

Die folgende Definition von Computer Based Training soll sich an die Definition von DITTLER halten. Demnach gehören zu Computer Based Training Disketten, CD-ROMs oder DVDs, auf denen unterschiedliche Medientypen (Audio, Video, etc.) gespeichert sind. Computer Based Training zeichnet sich dadurch aus, dass es sich dabei um eine eigenständige Anwendung handelt und sie im Gegensatz zu allen anderen Formen des E-Learning ohne Internetanbindung auskommt.

Abbildung 3 (siehe Seite 19) zeigt die Eigenschaften von CBT im Vergleich zu traditionellen und neuen Lernformen. Mit CBT kann der Lernende selbst entscheiden wann und wo er lernen möchte, da er nicht auf einen bestimmten Veranstaltungsort oder Veranstaltungszeit angewiesen ist. Man spricht daher auch von verteiltem Lernen. DITTLER vergleicht dies mit dem Arbeiten mit einem Lehrbuch, das man überall hin mitnehmen kann und jeder Zeit zur Verfügung steht. Das Lernen mit CBT ist medienbasiert, da die Lerninhalte nicht durch einen Trainer vermittelt werden, sondern nur durch das Medium, es sei denn es wird in einem Lernzentrum gelernt, wo die Lernenden durch einen Tutor betreut werden. Dadurch, dass das Lernen mit CBT zeitunabhängig ist, wird asynchrones Lernen ermöglicht. Das Programm (z.B. auf einer CD-ROM) ermöglicht dem Lernenden Eingaben zu machen, Auswahlen zu treffen und so den Verlauf des Lerninhaltes selbst zu steuern. Dies spiegelt eine interaktive Lernform wieder. (Vgl. Dittler, 2002, S. 31)

Diese nicht netzbasierte E-Learning Form wird nun gemäß SCHAPER & KONRADT weiter nach Ausmaßen der Didaktirisierung bzw. Führung des Lernprozesses unterschieden. (Vgl. Schaper & Konradt, 2004, S. 276)

Tutorielle Lernprogramme

Bei tutoriellen Lernprogrammen ist der Führungsaspekt sehr stark ausgeprägt, da der Computer, wie der Name schon sagt, die Rolle des Tutors übernimmt. Sie ermöglichen den Lernenden, eigenverantwortlich und in selbst bestimmtem Lerntempo, Fähigkeiten und Wissen zu erwerben. Des Weiteren wird hierbei das Erlernte anhand konkreter Fallbeispiele trainiert. Anwendungsbeispiele sind Vokabel- und Rechentrainer sowie Lernprogramme zur Prüfungsvorbereitung, die dann bei einfachen tutoriellen Programmen oft in Form von Frage-Antwort-Sequenzen realisiert werden. Negativ an tutoriellen Lernprogrammen ist jedoch, dass durch das stark geführte Lernen meist nur eng umgrenzte Fertigkeiten trainiert werden. Ein selbstgesteuerter Wissenserwerb ist im Rahmen solcher

Programme meist nicht vorgesehen, wodurch metakognitive Fähigkeiten daher nicht bzw. kaum gefördert werden. (Schaper & Konradt, 2004, S. 276)

Ferner können die Programme zur Wiederholung und Übung eingesetzt werden. Zu Präsentations- und Dokumentationszwecken können Texte und Bilder aus den Programmen kopiert und in eigene Dokumente eingefügt werden. (Vgl. Staiger, 2004, S.39)

Hypertext-/ Hypermediasysteme

Neue Lernformen, Methoden- und Medienwechsel werden durch die Bereitstellung verschiedenster Einzelmedien ohne vorgegebenen Programmablauf in besonderer Weise unterstützt. Die Integration verschiedener Einzelmedien ermöglicht auch eine Verbesserung der Anschaulichkeit von Lerninhalten. Durch die notwendige selbstständige Navigation im Rahmen des Programms und verschiedenste Möglichkeiten der Einbindung von Notizen, der Präsentation und Dokumentation von Lernergebnissen werden informationstechnische Kenntnisse erworben. Protokollfunktionen erlauben auch die Dokumentation von Lernwegen. (Vgl. Staiger, 2004, S. 39)

Simulative Lernumgebungen

Das wichtigste Potenzial von Simulationsprogrammen liegt darin, dass durch die Simulationen realitätsnahe Vorgehen, die bei praktischer Anwendung zu teuer, schwer zugänglich, zu schnell oder zu langsam ablaufen, ermöglicht werden. Außerdem können Gefahren aufgrund von Fehlhandlungen vermieden werden. Weiterhin bieten Simulationsprogramme Präsentations- und Dokumentationsfunktionen. (Vgl. ebd.)

4.2.2. Web Based Training

Laut DITTLER unterscheidet sich Web Based Training vom CBT sowohl in technischer als auch in methodisch-didaktischer Hinsicht.

Der technische Unterschied liegt darin, dass WBTs auf die Verfügbarkeit des Internets angewiesen sind, während CBT von Diskette, CD-ROM oder DVD abgespielt werden können und damit zeit- und ortsunabhängig funktionieren. Allerdings verliert dieser negative Aspekt dadurch an Bedeutung, dass aufgrund von W-LAN oder UMTS in der heutigen Zeit fast überall Internetmöglichkeiten bestehen und somit WBT sogar noch flexibler ist, da es nicht auf Datenträger angewiesen ist (Vgl. Meier, 2006, S.43) Die WBT Anwendungen liegen auf dem Server eines Bildungsanbieters oder des Unternehmens und können vom Lernenden (ggf. nach Anmeldung) aufgerufen werden. Der Vorteil liegt in der Aktualität der Inhalte und der logistischen Einsparungen (keine Hardware, kein Versand, keine Verpackung). Der Nachteil wiederum liegt darin, dass ein ständiger Internetzugang verfügbar sein muss, am besten auf technisch sehr hohem Niveau, da es sonst sehr schnell zu Problemen der Darstellung kommen kann, z.b. beim Streamen von Videosequenzen. (Vgl. Dittler, 2002, S. 163)

Der methodisch-didaktische Vorteil von WBT liegt in den Möglichkeiten der Kooperation der Lernenden. Während CBT normalerweise von einem Lernenden allein bearbeitet wird, kann WBT so gestaltet werden, dass mehrere Lernende (ortsunabhängig) gemeinsam lernen.

Abbildung 3 (siehe Seite 19) zeigt den Vergleich zwischen den traditionellen Lernformen und CBT. Bezüglich der Punkte verteiltes Lernen und medienzentriertes Lernen gilt dasselbe wie für CBT. WBT ermöglicht darüber hinaus kooperatives Lernen. Das Lernen mit WBT findet asynchron zur Erstellung des Lernmediums statt, kooperatives Lernen mit einem Lernpartner setzt jedoch die zeitliche Synchronität der beiden Lernenden voraus. Wie beim CBT ist auch hier die Interaktion des Lernenden gefragt. (Vgl. Dittler, 2002, S.163)

Als nächstes werden drei spezielle Ausprägungen des WBT vorgestellt:

Online Teachings

Online Teaching ist dadurch gekennzeichnet, dass ein oder mehrere Lehrende den Lernenden Unterricht via PC erteilen. SEUFERT et al. sprechen daher eher von einer Lehrform als von Lernform. Auch von Online Teaching gibt es wiederum Unterformen, nämlich Online Lectures, Online Symposium, Online Praktikum/ Coaching und der sokratische Dialog/Pistole. Diese Formen haben gemeinsam, das sie eine eher lehrerzentrierte Methode sind, bei der Dozenten und Experten ihr Wissen in kompakter Form vermitteln. (Vgl. Seufert & Back, 2002, S. 72)

Online Tutorials

Laut SEUFERT & BACK können Tutorials mit den Fachausdrücken CBT oder CAL (Computer Assisted Learning) gleichgesetzt werden. Man versteht darunter Lernprogramme, die es dem Lernenden ermöglichen, eigenverantwortlich und in selbst bestimmten Lerntempo, Fähigkeiten und Kenntnisse zu erwerben. Es existieren sehr viele verschiedene Programmformen, darunter u.a. Geführte Tutorials, die eher lehrerzentriert sind und Flexible Webbasierte Tutorials, die eher lernerzentriert sind. (Vgl. Seufert & Back, 2002, S. 92)

Kooperative Lernszenarien

Kooperative Lernszenarien oder auch Kommunikations- und Kooperationsumgebung genannt, ermöglichen die Nutzung der erweiterten Kommunikationsmöglichkeiten, die sich durch computerbasierte Medien ergeben. Hierbei können zum Beispiel E-Mail oder Newsgroups als Unterstützung angewandt werden. Dadurch, dass die Informationen zu einem Thema digital aufbereitet werden und dann in elektronischer Form vorliegen, fallen Routinearbeiten, wie z.b. das Einscannen von Bildern weg. (Vgl. Staiger, 2004, S. 40)

4.2.3. Virtual Classroom/Teleteaching

Virtual Classrooms (auch Teleteaching genannt) erlauben nach DITTLER eine synchrone, aber ortsunabhängige gleichzeitige Schulung mehrerer Teilnehmer. Dabei präsentiert der Lehrer seine Lehrinhalte vor einer Webcam. Das Videobild, der Ton, sowie Folien und andere Visualisierungen werden dann synchron über das Internet oder Intranet an den PC der Teilnehmer vermittelt, wo sie quasi „live" dabei sein können. Durch synchrone Kommunikationsmittel können die Teilnehmer direkt Fragen an den Trainer schicken. Der Erfolgsfaktor Virtueller Seminare ist, dass die Erfolgsfaktoren von Präsenzseminaren (Möglichkeiten der Einflussnahme der Teilnehmer auf den Seminarverlauf durch Rückfragen, usw.) erhalten bleiben und mit den Vorteilen multimedialer Lernformen (Visualisierungsmöglichkeiten, gleichzeitige Schulung zahlreicher Mitarbeiter usw.) verbunden werden. Während die Vorteile von CBT und WBT darin liegen, dass auch größere Zielgruppen geschult werden können und dies auch relativ preiswert ist, haben Präsenztrainings den Vorteil, dass dort eine direkte Kommunikation zwischen Trainer und Lernenden ermöglicht wird, so DITTLER. (Vgl. Dittler, 2002, S. 217)

Wie aus der folgenden Abbildung zu entnehmen ist, stellt die Form des Virtual Classroom eine Kombination von CBT/WBT und Präsenztraining dar. Allerdings wird dieses Ziel nicht für alle Ausprägungen erreicht. Aufgrund des technischen Aufbaus und der weltweiten Zugriffsmöglichkeit handelt es sich um eine Form des verteilten Lernens. Außerdem handelt es sich um personenorientiertes Lernen (ähnlich wie ein Workshop oder Seminar und um eine lehrergesteuerte Form (Vgl. Meier, 2006, S. 27), da hier, wie beim Präsenztraining, die Wissensvermittlung durch den Trainer erfolgt.

Virtuelles Lernen ermöglicht synchrones Lernen, da eine direkte Übertragung stattfindet. Sowohl DITTLER als auch MEIER erwähnen zudem die Möglichkeit eines Seminar-on-demand, welches asynchron verlaufen würde. Die Teilnehmer können sich bei dieser Form eine Aufzeichnung des Seminars zu einem beliebigen Zeitpunkt anschauen. Allerdings würde dann der Vorteil der Interaktion und Kommunikation verloren gehen. Ob Virtuelle Seminare interaktives Lernen zulassen, hängt sehr stark vom Thema und der Anzahl der Teilnehmer ab. Grundsätzlich besteht aber die Möglichkeit, dass der Dozent auch offene Frage an die Gruppe richtet und jeder Teilnehmer sich virtuell durch Chats, etc. äußern kann. (Vgl. Dittler, 2002, S. 217)

	Lehrbuch	Vorlesung	Präsenztraining	CBT	WBT	Virtuelles Lernen	Lernportal
Zentralistisches Lernen		x	x				
Verteiltes Lernen	x			x	x	x	x
Personenzentriertes Lernen		x	x			x	(x)
Medienzentriertes Lernen	x			x	x		x
Synchrones Lernen		x	x		(x)	x	(x)
Kooperatives Lernen			x		x		(x)
Asynchrones Lernen	x			x	x		x
Rezeptives Lernen	x	x					
Interaktives Lernen			x	x	x	(x)	x

Abbildung 3. CBT im Vergleich zu traditionellen Lernformen nach Dittler (2002)[1]

4.2.4. Lern-Portale

Sowohl CBT und WBT als auch Virtuelle Seminare haben ihre spezifischen Vor- und Nachteile. Bei der Konzeption einer E-Learning Maßnahme sind diese vor dem Hintergrund des zu vermittelnden Inhalts und der zu erreichenden Zielgruppe zu berücksichtigen.

---

[1] Wie in den einzelnen Abschnitt bereits angedeutet wurde, stellt die Tabelle in Abbildung 3 eine Auflistung klassischer und neuer Lernformen dar. Dabei wird jede Lernform nach lerntheoretischen Aspekten bewertet. Trifft ein Kriterium auf die jeweilige Lernform zu, so wird dies mit „x" markiert.

DITTLER schreibt, dass Lern-Portale noch einen Schritt weiter gehen als Virtuelle Seminare, da diese nicht nur die Vorteile von Präsenzseminaren kombinieren, sondern eine ganze Reihe unterschiedlicher Lernmedien zur Verfügung stellen. So finden sich dort:

@ Computer-Based Training

@ Web-Based-Training

@ Virtuelle Seminare

@ Schulungsunterlagen und Studienbriefe (z.b. zum Download als PDF-Datei)

@ Sammlungen von Fragen & Antworten

@ Verweise auf Präsenzseminare und Workshops

@ Fach-Foren

@ Experten-Sprechstunden

@ Einzelberatung und Coaching

Wie aus Abbildung 3 ersichtlich, können die Vorteile des mediengestützten Lernens und des Präsenzlernens noch stärker kombiniert werden, als dies in Virtuellen Seminaren möglich ist. (Vgl. Dittler, 2002, S. 261)

4.2.5. Business TV

„Augenscheinlich steckt der Begriff Business TV in einer Sackgasse. Denn auf die Frage, was Business TV ist, weiß fast jeder heutzutage eine Antwort – und fast alle fallen unterschiedlich aus." (Vgl. Langosch, 2000, S. 21)

REGLIN beschreibt Business TV wie folgt. „[...] Die Mitarbeiter erhalten die Möglichkeit, via Satellit oder Datennetz übertragene unternehmensspezifischen Sendungen auf Fernseh- oder Computermonitoren anzusehen. Weiterbildungsmaßnahmen dieser Art können auch interaktiv gestaltet werden, etwa dadurch, dass den Teilnehmern ein Rückkanal per E-Mail, Fax, Videokonferenz-System oder Telefon zur Verfügung steht. Solche Lösungen rechnen sich für große Konzerne, die gleichzeitig zahlreiche Mitarbeiter an verschiedenen Standorten erreichen wollen. Dabei können die Möglichkeiten professioneller Fernsehfilmproduktionen genutzt werden. Dies schließt auch emotionale Komponenten ein. Business TV wird nicht zuletzt dazu eingesetzt Qualifizierungsoffensiven Gewicht zu verleihen und breite Aufmerksamkeit zu sichern etwa bei Themen, die die Corporate Identity betreffen (z.B. Restrukturierungen oder Fusionen)". (Vgl. Reglin, 2004, S. 12)

Als konkrete Vorteile werden von FRANK folgende Stichpunkte genannt: a) Synchronität zu erreichen in Form von Gleichheit und Gleichzeitigkeit mit der Folge ein Gemeinschaftsgefühl zu erzeugen. b) Authentizität: unverfälschte Dokumentation der Information über alle Hierarchiebarrieren und Möglichkeit Personen und deren „Art" zu präsentieren. c) Schnelligkeit, dadurch das die Inhalte live erlebbar gestaltet werden, d) sowie letzteres den Zuschauern eine gewisse Exklusivität zu bieten, da Informationen priorisiert dargestellt werden und an bestimmte Zielgruppen gerichtet sein können. (Vgl. Frank, 2002, S. 13)

Allerdings wird bzw. hat bereits eine einschneidende Veränderung stattgefunden, die von HEROLD aufgegriffen wird. Durch die Digitalisierung und fortschreitende Technisierung wird eine Trennung zwischen Business TV und PC verbunden mit Internet überflüssig. Der Computer wird das Medium zur Medienintegration, d.h. dass einerseits sich mit dem PC Fernsehprogramme nicht nur wiedergeben sondern auch bearbeiten lassen, andererseits neue TV-Generationen entstehen, die wie Computer, mit Browsern, Modems, etc. ausgestattet sind. (Vgl. Herold, 2002, S. 48) Diese fortschrittlichen Varianten finden u.a. in Form von Intranet-TV Anwendung. (Vgl. Pfeil & Hasebrook, 2000, S. 237)

4.2.6. Blended Learning

Laut HÄFELE bedeutet Blended Learning wörtlich „gemischtes Lernen" und steht für eine Mischung aus online-basiertem Lernen und Präsenzveranstaltungen. Oft wird im deutschen Raum auch die Bezeichnung „hybrides Lernen" verwendet. Die Herausforderung an Blended Learning besteht darin, beide Elemente didaktisch sinnvoll zu kombinieren. HÄFELE betont, dass die Technik im Dienste der Didaktik steht und nicht zum Selbstzweck werden soll. (Vgl. Häfele, 2004, S. 15)

In dem Ansatz der hybriden Lernarrangements geht es um die Kombination unterschiedlicher didaktischer Methoden (Exposition, entdeckendes Lernen, kooperatives Lernen...) und medialer Präsentations- und Kommunikationsformate (Face-to-Face-Kommunikation, Publizieren, Versenden...). „[...] Der Vortrag eines Lehrers kann sowohl face to face als auch über Webabruf oder Satellitenfernsehen übertragen werden. Bücher oder Videos können sowohl für expositorische als auch für entdeckende Lernmethoden konzipiert werden und genauso als Grundlage für kooperatives Lernen Einsatz finden." (Vgl. Kerres, 2005, S. 163)

Im Rahmen des Blended Learning Network[2] Projekts, wie von VOLKMER zitiert wird, haben sich die dort beteiligten Unternehmen auf folgende Begriffsbestimmung für Blended Learning verständigt, die auch im Verlauf dieser Arbeit als solches verstanden werden soll.

Um Blended Learning handelt es sich, wenn alle beteiligten Lernformen und die dafür geeigneten Medien auf der Basis eines integrativen Konzeptes eingesetzt werden. Weiterhin handelt es sich bei Blended Learning um organisiertes und durchgängig betreutes Lernen. Die verschiedenen Lernformen werden dabei so miteinander verzahnt, dass jede gemäß ihrer spezifischen Stärken zur Erreichung bestimmter Lernziele beiträgt. Internet- bzw. Intranet-Technologien kommen dabei ebenso zum Einsatz wie Präsenztraining. Art und Umfang orientieren sich an den jeweiligen Lernzielen. Blended Learning fördert den individuellen Lernprozess und ein selbstverantwortliches Lernen. Durch das Zusammenwirken dieser Aspekte wird das Ganze mehr als die Summe seiner Teile und ermöglicht einen größtmöglichen Lernerfolg und Lerntransfer. (Vgl. Volkmer, 2004, S. 26)

Die Herausforderung an Blended-Learning besteht darin, einen Ausgleich in den Schwachstellen der einzelnen Lernformen herbeizuführen und die jeweiligen Stärken zu verbinden. (Vgl. Kröger, 2004, S. 24)

Wie sich letzten Endes das als Blended Learning bezeichnete Lernkonzept genau zusammen setzt, ist sehr vielfältig. (Vgl. Freyer, 2006, S. 107). Da Blended Learning eine E-Learningform ist, die sich, wie bereits beschrieben, aus klassischen Präsenzteilen und Abschnitten moderner elektronischen Lernformen besteht, stellt sich im Weiteren die Frage, wie ein solches Blended Learning Konzept aussehen kann. Im Folgenden soll eine vereinfachte Möglichkeit der Konzeption nach VOLKMER beschrieben werden. Die Durchführung erfolgt in drei Teilen, nämlich der Vorbereitungsphase, der Präsenzphase und der Nachbereitungsphase. (Vgl. Volkmer, 2004, S. 24 ff)

Die Vorbereitungsphase

Die Vorbereitungsphase wird bei VOLKMER komplett durch elektronische Medien abgedeckt. Als Einstiegsmedium nennt er einen Virtual Classroom, in dem die Teilnehmer mit dem Dozenten in ersten Kontakt treten und dort über ihre Erfahrungen, Kenntnisse und

---

[2] Weitere Informationen unter www.blended-learning-network.de

Erwartungen berichten können. Dies erleichtert dem Dozenten die Vorbereitung des Kurses, da er schon sehr früh einen Einblick in den Kenntnisstand der Teilnehmer bekommt. Außerdem kann er vorab die Teilnehmer mit Informationen versorgen und bereits kleine Trainingsprogramme, Tests oder Übungen zur Verfügung stellen. (Vgl. ebd.)

Die Präsenzphase

Abhängig von der Intensität der Vorbereitungsphase findet die Präsenzphase statt. Es werden Handlungskompetenzen vermittelt und sie dient als Motivations- und Lenkungsphase. Der Trainer kann sich auf seine wesentlichen Trainingsinhalte konzentrieren. VOLKMER betont, dass die bestehenden Trainingskonzepte konsequent überarbeitet werden müssen, um in einem Blended Learning Konzept aufgehen zu können. (Vgl. ebd.)

Die Nacharbeitungsphase

In dieser letzten Phase erfolgt die Nachbetreuung der Teilnehmer. Sie sollen über das Erlernte reflektieren oder auch über Erfahrungen aus der Praxis berichten. Dies kann wieder durch E-Learning Elemente unterstützt werden, in dem zum Beispiel kleine Wissenscommunities gebildet werden. (Vgl. ebd.)

Im Weiteren stellt sich die Frage, wie man genau zwischen E-Learning und Blended Learning unterscheiden kann bzw. ab wann der Übergang vom Einen zum Anderen stattfindet.

Eine genaue Bestimmung kann laut WIRTH mit quantitativen Mittel passieren. Demnach sollten mindestens 20% der Gesamtdauer des Programms durch E-Learning basierte Lernformen unterstützt werden. (Vgl. Wirth, 2005, S. 49)

4.3. Vor- und Nachteile

Nachdem der Begriff E-Learning definiert und seine Ausprägungen dargestellt wurden, werden als nächstes sowohl die Vorteile, als auch Nachteile von E-Learning behandelt werden. Dabei gilt es zu beachten, dass die Vor- und Nachteile von Element zu Element variieren können.

Eines der am häufigsten genannten Vorteile sind die geringeren Kosten im Vergleich zu Präsenztrainings, da hierbei die Kosten für Anreise, Übernachtung und Leerlaufzeiten, die typischen Budgetbelaster beim Seminarbetrieb, entfallen. Bezogen auf den Preis pro

Lerneinheit gibt es kein Lernmedium das günstiger sein kann, vorausgesetzt, die hohen Einstiegskosten für die individuelle Erstellung von WBTs amortisieren sich durch entsprechend große Nutzerzahlen. Als Alternative zu teuren Individuallösungen, stehen kleinen und mittelständischen Unternehmen Standardlösungen zu erschwinglichen Preisen zur Verfügung. (Vgl. bbw, 2002)

Ein weiterer Vorteil ist die Zeit- und Ortsunabhängigkeit, denn jeder Mitarbeiter kann selbst entscheiden, wann und wo er lernen möchte, vorausgesetzt, die nötige Infrastruktur und Akzeptanz innerhalb des Unternehmens ist gegeben. Außerdem kann das Training jederzeit abgebrochen und zu einem anderen Zeitpunkt fortgesetzt werden. Vorteilhaft ist auch, dass durch die Zeitersparnis, die mit E-Learning erreicht wird, Lernende auch Weiterbildungsangebote nutzen können, die sie sonst aus Zeitgründen nicht wahrgenommen hätten. (Da Rin, 2005, S. 56)

Die Arbeitsplatzorientierung bewirkt, dass der Mitarbeiter, die für seinen Arbeitsplatz relevanten Inhalte von der Lernplattform im Internet herunterladen kann. Ein modularer Trainingsaufbau erlaubt zudem, dass der Mitarbeiter lediglich die Themenbereiche aufruft, für die tatsächlich ein Lernbedarf besteht. (Sunter, 1999, S. 37)

Das Internet macht die Inhalte just-in-time verfügbar. Die Mitarbeiter können sich dadurch bestimmte Lernmodule genau dann vom Internet herunterladen, wenn der Lernbedarf auftritt. Statt auf Vorrat zu lernen, werden Probleme z.B. durch Web Based Training "just-in-time" angegangen und es nicht notwendig wochenlang auf einen Termin für ein Präsenztraining warten. (Vgl. ebd.)

Als weiterer Vorteil wird die schnelle Informationsverarbeitung genannt. Wichtige Veränderungen im Unternehmen können mit Hilfe von WBT viel schneller umgesetzt werden als durch Seminare, da die Distribution der Informationen praktisch zeitgleich stattfindet. Ähnliches gilt für firmenspezifische Informationen, die ständigem Wandel unterliegen, aber über das Internet jederzeit einfach aktualisiert werden können. Neue Produkt- oder Preisinformationen beispielsweise können problemlos eingefügt oder modifiziert werden, ohne den grundsätzlichen Aufbau des WBT zu verändern. (Vgl. bbw, 2002)

Individualität: Jeder Teilnehmer kann sich seinen Lehrplan nach Bedarf, Lerntyp und Lerntempo individuell zusammenstellen. Somit fallen negative Aspekte des sozialen Gruppenlernens automatisch weg.

Ein weiteres Argument für E-Learning ist, dass es hilft, auch bislang internetunerfahrene Mitarbeiter an ein innovatives Medium heranzuführen, das aus dem modernen Geschäftsleben nicht mehr wegzudenken ist. (Vgl. bbw, 2002) Auch den Einsatz spielerischer Elemente, die für Abwechslung beim Lernen sorgen, schätzen viele Nutzer. Des Weiteren wünschen die Lernenden kleine Abschnittskontrollen und Abschlusstests, die sich im Rahmen von E-Learning leicht in Form von Testergebnissen oder sogar individuellen Feedbackergebnissen realisieren lassen. (Da Rin, 2005, S. 57)

Bezüglich der Trainer wird noch das Argument eingebracht, dass sie zumindest in den Grundlagenkursen zu Sprechmaschinen verkommen seien und daher ein Ersatz durch E-Learning sinnvoll sei. (Vgl. Pichler, 2001, S. 44) Hier kann sich auch das Argument anschließen, dass die Qualität bei E-Learning immer gleich bleibt, da sie nicht den Leistungsschwankungen des Trainers unterliegt. (Vgl. Kornmayer, 2004, S. 97)

Den Vorteilen von E-Learning stehen wiederum einige **Nachteile** gegenüber. SUNTER kritisiert die folgenden Punkte.

Lange Ladezeiten: Im Vergleich zum CBT bringt das WBT relativ lange Ladezeiten mit sich, insbesondere bei aufwendigen Grafiken, Animationen etc. Wird jedoch die Geduld der Anwender zu sehr strapaziert, sinkt die Lernmotivation. (Sunter, 1999, S. 37) Langsamere Internetverbindungen führen, vor allem bei aufwendigen Animationen, Videosequenzen und ähnlichem zu langen Ladezeiten, daher wird bei WBTs in der Regel darauf verzichtet. WBT ist deshalb meist sehr textlastig. (Vgl. ebd.) Während sich kognitive Elemente eines Themas ideal über Internet/Intranet vermitteln lassen, bedürfen affektive Lerninhalte nach wie vor einer starken personellen Unterstützung durch einen Trainer. Eine Kombination aus WBT und Seminar umgeht dieses Problem. (Vgl. ebd.) Den Kosteneinsparungen müssen anteilig die Kosten gegen gerechnet werden, die durch den Kauf, die Lizenz der Medien, Entwicklung und gegebenenfalls der Lernplattform entstehen. Deshalb entstehen Einsparungen erst dann, wenn eine größere Zahl Mitarbeiter geschult wird. (Vgl. Meier, 2006, S. 61)

Im Artikel „Was Mitarbeiter vom E-Learning halten" unterteilt DA RIN die Kritikpunkte in vier verschiedene Ebenen.

So wird auf einer **technisch-formalen Ebene** öfters kritisiert, dass die grafische Aufmachung bei manchen Programmen nicht sehr ansprechend sei. Generell würden sich die Mitarbeiter über eine schlechte Umsetzung der Lerninhalten beschweren, da die Möglichkeiten, die Multimedia bietet nicht ausgeschöpft werden würden oder genau das Gegenteil, in manchen E-Learning-Programmen zu viele Features vorhanden sind, deren Nutzen zum Erreichen der Lernziele angezweifelt wird. Darüber hinaus schreibt DA RIN, dass die Möglichkeit einer Notizfunktion innerhalb eines Programms fehlt und oft auch keine Möglichkeit besteht die Inhalte ausdrucken zu können. (Vgl. Da Rin, 2002, S. 57)

Auf einer **methodisch-didaktischen Ebene** wird der oftmals monotone Aufbau von Lernprogrammen beanstandet, so dass E-Learning Programme elektronischen Blättermaschinen gleichen, die wenige Eigenaktivitäten zulassen. Bemängelt werden zudem der fehlende Praxisbezug mancher Lerninhalte sowie ein Zuviel an Informationen. Kritisiert werden auch eine mangelhafte oder gar fehlende Kursübersicht sowie generell schlechte Navigationsmöglichkeiten. Darüber hinaus würde der unterschiedliche Aufbau diverser Programme den eigentlichen Lernprozess verzögern, da die Einarbeitung in ein neues Lernprogramm jedes Mal einen zusätzlichen Aufwand bedeutet. (Vgl. ebd.)

Ein Nachteil auf der **individuell-lernpsychologischen Ebene** ist zum Beispiel die fehlende Zeit am Arbeitsplatz zu lernen. Zudem besteht dabei die Gefahr sich selbst zu sehr unter Druck zu setzen, wenn man die Lernzeit nicht im Voraus geplant und strukturiert hat. In diesem Zusammenhang, so schreibt DA RIN, muss man sich, wenn man am Arbeitsplatz lernt, die Lernzeit erkämpfen, da das Tagesgeschäft immer Vorrang hat. Für viele Anwender sei das Lernen am Bildschirm auch sehr ermüdend. (Vgl. ebd.)

Auf der **sozialpsychologischen Ebene** wird beanstandet, dass das „Umfeld noch nicht damit umgehen kann" und dass „man keine neuen Kollegen kennen lernt". Am weitaus häufigsten wird laut DA RIN von den Mitarbeitern auch der Mangel an sozialem Austausch kritisiert. „E-Learning eignet sich nicht für die Auseinandersetzung mit verschiedenen Sichtweisen und zur Reflexion". Außerdem können die Anwender nicht von den Erfahrungen anderer profitieren. Zudem würde sich nicht jede Ausbildung für E-Learning eignen. Diskussionsforen und Chatmöglichkeiten sollen den fehlenden sozialen Austausch beim computergestützten Lernen wettmachen, doch diese Möglichkeiten werden von den Nutzern nicht als gleichwertig wie Face-to-face-Kontakte erlebt, da Foren nur einen unpersönlichen Erfahrungsaustausch mit anderen bieten und kein soziales Ereignis darstellen. Außerdem kann auf aktuelle persönliche Anliegen nicht so flexibel eingegangen werden. (Vgl. ebd.)

Einen Überblick über die Vor- und Nachteile von E-Learning aus Nutzersicht stellt abschließend die Abbildung 4 nach DA RIN dar. Hier werden nochmals sämtliche Argumente zusammengefasst.

Vor- und Nachteile von E-Learning aus Nutzersicht	
VORTEILE	**NACHTEILE**
• Zeitliche Flexibilität	• Fehlende Betreuung; offene Fragen bleiben ungeklärt
• Ortsunabhängigkeit	• Interpretationsprobleme werden nicht aufgeklärt
• Unbeschränkte Wiederholungsmöglichkeit	• (Erfahrungs-)Austausch fehlt
• Möglichkeit, Dinge ohne Folgen auszuprobieren	• Hohe Ablenkungsgefahr
• Individuelle Tagesform kann für Lernen genutzt werden	• Konzentration am Arbeitsplatz eher schwierig
• unproduktive Leerzeiten können für Lernen genutzt werden	• Einsatz themenabhängig, Begrenzung auf bestimmte Inhalte
• Unmittelbare Verfügbarkeit von Lernprogrammen; Just-in-time-Lernen möglich	• Eignet sich nicht für komplexe Fragestellungen
• Berücksichtigung des individuellen Lerntempos/Lernrhythmus	• Fehlender Lerndruck
• selbstbestimmtes Lernen	• Mangelnde Interaktivität
• Themen individuell frei wählbar	• Mangel an sozialen Kontakten; Gefahr der Vereinsamung
• Multimediale Visualisierung von Lerninhalten	• Für Lernungewohnte weniger geeignet
• Nutzung des Spieltriebs für Lernzwecke	• Gefühl des „Computeroverflows"/Bildschirmlernen
• Individuelle, vertraute Lernumgebungen können genutzt werden	• Abhängigkeit von technischer Infrastruktur, schnelle Onlineverbindung nötig
• Neue Lernmethode	
• Einfache Aktualisierung der Lerninhalte	
• Wegfall potentiell negativer Gruppendynamik	

Abbildung 4. Vor- und Nachteile von E-Learning aus Nutzersicht nach Da Rin (2003)

Zum Abschluss dieses Kapitels soll eine letzte Definition von E-Learning nach Wang und Ross vorgestellt werden, die sich auf US-amerikanische Quellen[3] berufen.

Sie rekapitulieren, dass zunächst E-Learning als Oberbegriff für jede Art von elektronisch unterstütztem Lernen verwendet wurde (CBT, WBT, aber auch satellitengestütztes Lernen, TV und Videotechnik) und auch heute zum Teil so verstanden wird. Allerdings findet hier ein Veränderungsprozess statt, welcher dazu führt, dass nach und nach nur noch netzbasierte Anwendung zum E-Learning zählen. Also Weiterbildung, die auf Internet, Intranet oder Extranet beruht. (Vgl. Wang & Ross, 2002, S. 222)

---

[3] WR Hambrecht und „American Society for Training and Development"

5. E-Learning in der Praxis

Dieses Kapitel wird zunächst auf die Eingliederung von E-Learning in die betriebliche Personalentwicklung eingehen. Als Weiteres wird dann der aktuelle Stand in der Praxis anhand bereits bestehender Studien vorgestellt, die später dem empirischen Teil dieser Arbeit als Vergleichsgrundlage dienen sollen.

5.1 Eingliederung in die betriebliche Personalentwicklung

Nachdem in den vorherigen Kapiteln die Begriffe betriebliche Weiterbildung und E-Learning näher definiert und erläutert wurden, wird im Folgenden näher auf die Fragestellung eingegangen, wie beides miteinander kombiniert wird. Also wie E-Learning in die Personalentwicklung eingebettet ist, bzw. welche Ziele man mit E-Learning erreichen möchte.

Generell unterlag die betriebliche Weiterbildung in den letzten Jahren einem Wandel. Zu den wesentlichen Charakteristika des Wandels der beruflichen Bildung zählen laut TAB-Arbeitsbericht:

@ Gewandelte Funktionsbestimmung: Das diskontinuierliche „Lernen auf Vorrat" wird abgelöst durch eine kontinuierliche Weiterbildung im Sinne des Lebenslangen Lernens.

@ Verschiebung der Inhalte: Neben fachlichen Kenntnissen und Fähigkeiten sind immer stärker Kompetenzen und Anforderungsprofile notwendig, die auf Problemlösung, Selbstorganisationsfähigkeit, Koordinierungs- und Kommunikationsfähigkeit abzielen.

@ Neue Vermittlungsformen: Die Bedeutung von informellen Lernprozessen (z.B. kollegiale Gespräche) und nicht formalisiertem Lernen (z.B. Qualitätszirkel und Projektarbeit) sowie die Nutzung neuer Medien nimmt zu.

@ Neue Lehr/Lernkultur: Als wichtigste Eigenschaft treten das selbstorganisierte Lernen und das didaktische Prinzip der individuellen Lernmotivation in den Vordergrund.

Im Hinblick auf die Möglichkeiten und Anforderungen des E-Learning gewinnt schließlich auch das Bildungspersonal eine neue Bedeutung. Die Bildungsbetreuer wandeln sich von Wissensvermittlern zu Begleitern von Lernprozessen. Hierbei sind entsprechende Qualifikationen und Erfahrungen des Bildungspersonals mit den Methoden des E-Learning von zentraler Bedeutung, und die Lehrenden unterliegen selbst der Notwendigkeit zur kontinuierlichen Weiterbildung. (Vgl. TAB Arbeitsbericht)

Die Gründe und Ziele, die ein Unternehmen mit der Einbindung von E-Learning in die betriebliche Weiterbildung verbindet, lassen sich mit einigen Punkten der Vorteile von E-Learning, die in Kapitel 4 aufgezählt wurden, erklären. Von wesentlicher Bedeutung sind hierbei die Reduzierung der Weiterbildungskosten, das Verringern der Lernzeit, die Ausrichtung auf individuelle Bedürfnisse, anschauliche und praxisbezogene Übungen sowie arbeitsintegrierte und kontinuierliche Lernprozesse.

In vielen Unternehmen wird E-Learning in Form von einzelnen Kursprojekten umgesetzt, die für Ad-hoc-Lernbedarfe speziell konzipiert wurden und nicht von einer übergeordneten Learning Strategie getragen werden. Auch wenn somit verschiedene elektronische Lernmedien, z.B. CBT, WBT und Virtuelle Klassenzimmer Einzug in die Aus- und Weiterbildung halten, übt dies in der Regel keinen maßgeblichen Einfluss auf die unternehmensweite Trainings- und Lernkultur aus, denn E-Learning hat hier lediglich Projektstatus. (Vgl. Bursian & Back, 2003)

Nach einer Studie von DA RIN, sind die Mitarbeiter der Ansicht, dass E-Learning sich vor allem für die Vertiefung und Nachbearbeitung von Wissensinhalten, jedoch weniger gut – vor allem wenn keine Rückfragemöglichkeiten bestehen – und für den Einstieg in ein völlig neues Themengebiet eignet. Ideal ist es nach Ansicht der Mitarbeiter, wenn E-Learning von einem E-Coach begleitet wird. E-Learning muss betreut werden, damit man bei Unsicherheiten nachfragen kann und um einen Austausch zu ermöglichen. (Vgl. Da Rin, 2005, S. 58)

5.2 Empirische Studien zu E-Learning

Bisherige Studien zu E-Learning in der empirischen Forschung kommen zu folgenden Ergebnissen.

Gemäß der Cognos Studie (2002) wird E-Learning häufiger in großen Unternehmen (>10.000 Mitarbeiter) eingesetzt als in kleinen und mittelständischen Unternehmen. Im Branchenvergleich liegt der EDV/IT Bereich vorne, gefolgt vom Automobil und Maschinenbau. Außerdem wird laut Cognos E-Learning von Managern öfters angewandt als von den übrigen Angestellten. Die Untersuchung stellt fest, dass CBT dabei am häufigsten genutzt wird (43%). Dahinter folgt WBT mit 24%. Virtual Classrooms und Business TV stehen mit 7% und 6% auf den letzten Rängen. (Vgl. Cognos Studie, 2002)

Zu einem etwas anderen Ergebnis kommt eine Marktstudie von ROSS & KÖLLINGER. Diese kommt zum Ergebnis, dass E-Learning vor allem bei Versicherungen und Firmen aus der Elektrobranche Anwendung findet. (Vgl. Ross & Köllinger, 2004, S. 62) Die genauen Ergebnisse zu diesen und anderen Branchen finden sich in Abbildung 5.

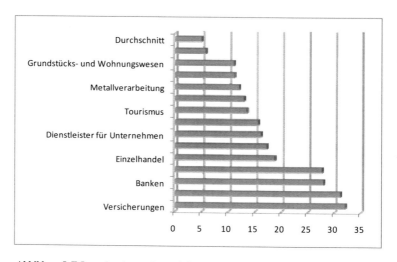

Abbildung 5. E-Learning Anwender nach Branchen nach Ross & Köllinger (2004)

Auch die Studie der BIBBforschung bestätigt, dass E-Learning vor allem in großen Unternehmen Anwendung findet, dort wird es dann auch bei mehr als der Hälfte der Fälle unmittelbar am Arbeitsplatz genutzt. Des Weiteren zeigt die Studie, dass die meisten Arbeitsplätze jedoch nicht für E-Learning geeignet sind, so fehlen hauptsächlich zeitliche Freiräume bzw. eine geeignete Lernumgebung. (Vgl. BIBB, 2002)

Eine Marktstudie der DEKRA Akademie forschte 2002 u.a. nach den Gründen für den Einsatz von E-Learning, mit dem Ergebnis, dass es den Unternehmen primär um den Kostenfaktor geht (Kosteneinsparung 33%, Einsparung von Reisezeit, 21%). Andere Argumente, wie zum Beispiel die Förderung der Eigenverantwortlichkeit (6%) liegen weit abgeschlagen zurück. (Vgl. Littig, 2002, S. 26)

Die Frage nach den unterschiedlichen Erscheinungsformen zeigt, dass CBT, mit Abstand, die am meisten genutzte E-Learning Form ist. Besonders auffallend ist die Differenz zwischen den beiden WBT Nutzungsformen. WBT per Intranet wird mehr als doppelt so oft angewandt als WBT per Internet, wie aus Abbildung 6 ersichtlich ist. Folglich sind die entsprechenden Lernprogramme auf den Unternehmensservern abgelegt und können nur von internen Mitarbeitern und Partnern des jeweiligen Unternehmens genutzt werden. Die Nutzung von Software von externen E-Learning Anbietern spielt somit eine geringere Rolle.

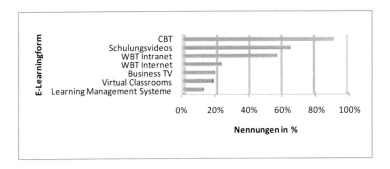

Abbildung 6. Formen von E-Learning nach Riekhof & Schüle (2002 a)

Ein anderer Aspekt, der auch in der eigenen Studie abgefragt werden soll, ist die Frage nach dem Anteil des E-Learningbudgets am Gesamtbudget für Aus- und Weiterbildung. Das Ergebnis der Unicmind Studie, welches in Abbildung 7 abgebildet ist, zeigt, dass der Budgetanteil von E-Learning in der Weiterbildung stark variiert. In den meisten Fällen lag dieser zwischen 2% und 5%. Aber auch Anteile von 10-15% oder größer 20% finden relativ häufig Anwendung.

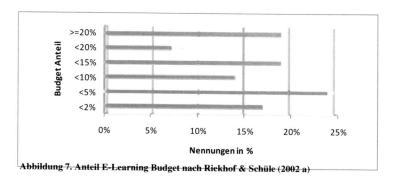

Abbildung 7. Anteil E-Learning Budget nach Riekhof & Schüle (2002 a)

Während die DEKRA Studie noch zu dem Ergebnis kommt, dass E-Learning hauptsächlich bei branchenspezifischen Fachthemen Anwendung findet (64%), liegen alle anderen Anwendungsfelder, wie Sprachen oder IT unter 10%. Dagegen kommt die Unicmind Studie zu einem ganz anderen Ergebnis, wie aus der Abbildung 8 ersichtlich ist. Demnach sind vor allem Office Lösungen und Sprachen durch das E-Learning sehr stark vertreten.

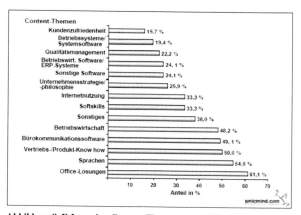

Abbildung 8. E-Learning Content Themen nach Riekoff & Schüle (2002 b)

Ein anderer Artikel gibt ebenfalls Aufschluss über die Nutzung der einzelnen E-Learning Angebote. Laut der Fachzeitschrift „personalmagazin" wurde 2003 noch das Thema IT-Datenbanken (17%) am häufigsten gebucht, gefolgt von IT-Anwenderschulungen (12%) und IT-Betriebssystemen/ Administration (10%). Allerdings haben die Unternehmen inzwischen den technikdominierten Bereich verlassen. Damit stehen heute der Bereich

Kommunikation, Rhetorik, Präsentation (15%) an vorderster Stelle, gefolgt von Management und Unternehmensführung (14%). Erst auf Rang drei kommen die IT-Anwenderschulungen (9%). (Vgl. personalmagazin, 2006, S. 14)

Die folgende Abbildung 9 gibt Aufschluss über den Anwenderkreis von E-Learning. Laut Unicmind Studie wird E-Learning vor allem bei Sachbearbeitern bzw. kaufmännischen Mitarbeitern angewandt, gefolgt vom mittleren Management (siehe hierzu Abbildung 9).

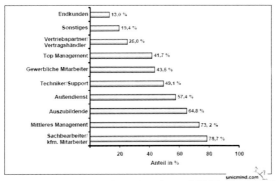

Abbildung 9. Zielgruppen für E-Learning nach Riekhoff und Schüle (2002 b)

Die folgende Abbildung 10 zeigt, wie oft E-Learning Content mit Präsenzseminaren kombiniert wird. Mit anderen Worten, in welcher Quantität E-Learning in Form von Blenden Learning angewandt wird. Es zeigt sich, dass dies in 36% der Fälle der Fall ist.

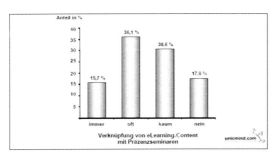

Abbildung 10. Verknüpfung von E-Learning mit Präsenzseminaren nach Riekhoff und Schüle (2002 b)

Das Bundesministerium für Bildung und Forschung kommt zum Ergebnis (vgl. Abbildung 11), dass bei Erwerbstätigen grundsätzlich ein großes Interesse an beruflichem Lernen besteht. Dabei kommt sowohl informelles Lernen, aber auch formell-organisiertes Lernen in Frage. Allerdings die Studie auch zu dem Ergebnis, dass das Lernen mit Trainer bevorzugt wird. Das geringere Interesse an Beteiligungsgruppen und dem arbeitsintegrierten Internet-Lernen wird damit erklärt, dass diese Lernformen den Lernenden weniger bekannt sind und deshalb weniger konkrete Vorstellungen hierzu bestehen. Die Umfrage zeigt, dass sowohl beim Fremdsprachenlernen als auch beim Erlernen von Computerprogrammen eine deutliche Mehrheit der Befragten für das Lernen in einem Kurs mit Trainer ist. (Vgl. BMBF, 2003, S. 282) Dieses Ergebnis ist sehr interessant, da vor allem diese beiden Themenfelder in der Praxis sehr häufig durch E-Learning abgedeckt werden.

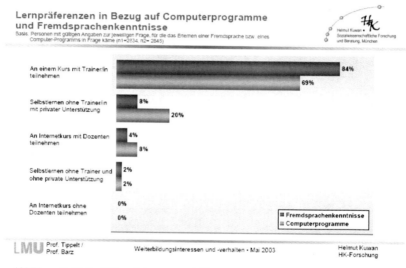

Abbildung 11. Weiterbildungsinteressen nach BMBF (2003)

6. Erfolgsfaktoren und Akzeptanzsicherung von E-Learning

Nachdem in den vorhergegangenen Kapiteln E-Learning und seine Formen, sowie dessen Eingliederung in die betriebliche Weiterbildung vorgestellt wurden, wird dieses Kapitel die wesentlichen Erfolgsfaktoren in Bezug auf E-Learning im Unternehmen behandeln. Durch die Berücksichtigung der Erfolgsfaktoren, kann dann im Idealfall die Akzeptanzsicherung erzielt werden. Letzteres ist wichtig, da die Vorteile von E-Learning nur dann zum Tragen kommen, wenn die Mitarbeiter E-Learning als Lernmethode akzeptieren.

Nach KIRCHMAIR wird E-Learning in Unternehmen von zahlreichen Faktoren bestimmt und beeinflusst, z.B. von:

@ Entscheidungsträgern und Verantwortlichen,

@ Schulungsinhalten,

@ Kommunikationskulturen.

@ entwicklungsorientierte Unternehmensphilosophie,

@ antizipierte Auswirkungen eines E-Learning Einsatzes im Unternehmen – die tatsächlichen Auswirkungen.

@ Innovationsbereitschaft,

@ Erfolge elektronischer Aus- und Weiterbildungsmaßnahmen.

(Vgl. Kirchmair, 2004 a, S. 47)

Die folgenden Unterkapitel werden als nächstes die Erfolgsfaktoren näher untersuchen.

6.1. Erfolgsfaktoren

Das beste Marketing-Argument für E-Learning ist nach MICHEL der Slogan „Auch die Vorgesetzten nutzen es!" Darüber hinaus nennt er noch fünf weitere essentielle Erfolgsfaktoren, nämlich die technische Infrastruktur, die Lernkultur, die Medienkompetenz der Anwender, Support und ökonomische Vorteile. (Michel, 2006, S. 105). Diese werden in den folgenden Abschnitten näher erläutert.

6.1.1. Internes Marketing

TIMMLER & SÖNTGERATH fordern ein internes Marketing in den Unternehmen um bei den Mitarbeitern Akzeptanz für E-Learning zu schaffen. Nur dann können langfristig Erfolge geschaffen werden, da das interne Marketing auf die innere Motivation des Einzelnen abzielt. Extrinsische Motivationsinstrumente greifen nur kurzfristig und haben keine nachhaltige Wirkung. (Vgl. Timmler & Söntgerath, 2006, S. 234) Weiterhin müssen die Vorzüge deutlich gemacht werden. Wird zudem betreutes E-Learning angeboten, so können schnell Vorbehalte abgebaut werden. (Vgl. Freyer, 2006, S. 121)

Abbildung 12 zeigt mögliche Kommunikationsinstrumente für ein internes Marketing. Dabei unterscheidet das Diagramm zwischen der Reichweite und der Wirkungstiefe einer Aktion. Als Erfolgsfaktor für das E-Learning bedeutet dies, dass die internen Marketingaktivitäten sich nicht nur im Bereich oberflächlicher Impulse bewegen dürfen, wie z.b. Rundschreiben, sondern nach und nach deutliche Signale setzen müssen, um mittelfristig die Teilnehmer zum Umdenken zu bewegen und dann eine langfristige Verhaltensänderung in der Unternehmenskultur zu erzielen. (Vgl. Berner, 2001)

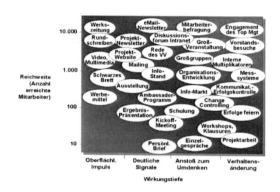

Abbildung 12. Kommunikationsinstrumente nach Berner (2001)

6.1.2. Technik

Neben den gesetzlichen und sozialen Rahmenbedingungen dürfen die technischen Faktoren nicht außer Acht gelassen werden, da sie Grundlage des E-Learning sind. Eine erfolgreiche Einführung und kontinuierlich erfolgreiche Arbeit setzt die Einhaltung der Richtlinien für die Softwareergonomie und das Vorhandensein der entsprechenden I&K[4] Technologien voraus.

Die Anforderungen an die Softwareergonomie sind in der EBR (Europäische Bildschirmrichtlinie) in Form von Normen, Verordnungen und Richtlinien festgelegt. Die Internationale Norm DIN EN ISO 9241 umfasst insgesamt 14 Teile. Die Teile 3, 8, 10 – 17 enthalten die Kriterien für Software, worunter logischerweise auch E-Learning Elemente fallen. Es werden dort Themenbereiche wie zum Beispiel die Farbdarstellung, die Dialogdarstellung, ergonomische Anforderungen, Benutzerführung/Fehlermanagement,

---

[4] Informations- und Kommunikationstechnologien

Dialogführung (direkte Manipulation und Bildschirmformulare) erläutert. (Vgl. Rockmann 2004, S. 73)

Ein Computerarbeitsplatz oder Computerarbeitsräume, die mit einem schnellen Internetzugang ausgestattet sind, werden vorausgesetzt, sowie ein multimediafähiger Rechner mit Pentium-Prozessor. Werden beispielsweise die Lerntexte auch gesprochen, sind eine Soundkarte und Lautsprecher notwendig. Auch ein Programm zum Abspielen von Sounddateien (z.B. Real Player oder Windows Media Player) ist sinnvoll. Bei aufwändiger Bilddarstellung muss die Grafikkarte entsprechend leistungsfähig sein. Zu achten ist auf die Größe des Karten-Arbeitsspeichers, ferner sollte die Karte mindestens dem Grafik-Standard DirectX 8 entsprechen. Eine schnelle Darstellung von 3D-Bildern erfordert auch eine hohe Rechengeschwindigkeit des PC-Prozessors. Oft müssen größere Dateien vom Server des Anbieters herunter geladen werden. Hierfür wird viel Speicherplatz auf dem PC oder dem Unternehmens-Server benötigt, aber auch eine Übertragungsleitung mit hoher Datenkapazität (mindestens ISDN-, besser noch DSL-Anschluss). In diesem Fall muss auch sichergestellt werden, dass der Internet-Browser über „Plug-Ins" wie Acrobat Reader für den Aufruf von pdf-Dokumenten, Java oder Macromedia-Shockwave/Flash-Player für die Darstellung von Flashanimationen, Quick-Time oder Media oder Real-Time Player verfügt. Setzt man eine Virtual Classroom Lösung ein, benötigt man am Lernplatz zusätzlich noch ein Mikrofon oder Headphone und eventuell eine Kamera (Webcam). (Vgl. Bundesministerium für Wirtschaft und Arbeit, 2004)

Unternehmen, die erwarten, dass ihre Mitarbeiter auch auf Dienstreisen sich mit Weiterbildung beschäftigen, müssen dementsprechende leistungsfähige und technische ausgestattete Notebooks zur Verfügung stellen.

Nicht nur seitens der Lernenden muss eine bestimmte technische Ausstattung zur Verfügung stehen, auch die Lehrenden bzw. das Unternehmen selbst müssen ebenfalls in der Lage sein, ihre Inhalte technisch zu verbreiten. Das Teleteaching erfordert zum Beispiel eine (recht teure) Videokonferenztechnik, Kameras, Mikrofone, Mischpulte, PCs, etc., sowie Personal für die Technikbedienung und Bedienungsstabilität der Anlage. (Vgl. Meier, 2006, S. 26)

Die Problematik beim Erfolgsfaktor Technik stellt die kontinuierliche Weiterentwicklung der technischen Möglichkeiten dar. So sind Computer und deren Zubehör oft nach wenigen

Jahren bereits veraltet, so dass regelmäßig neue Investitionen getätigt werden müssen, damit E-Learning auch weiterhin attraktiv bleibt.

6.1.3. Lernkultur

MICHEL schreibt hierzu, dass es nur dann sinnvoll ist E-Learning „von oben" zu verordnen, wenn diese (neue) Form der Weiterbildung auch zur Lernkultur des Unternehmens passt. Dazu müssen die Mitarbeiter als auch die Führungskräfte Weiterbildung als Teil der täglichen Arbeit akzeptieren. Hierzu gehören auch die Möglichkeiten Lernzeit und Arbeitszeit in Einklang zu bringen. (Vgl. Michel, 2006, S. 105)

In diesem Zusammenhang ist es wichtig, die Führungskräfte frühzeitig einzubinden, um den Mitarbeitern die erforderliche Freiheit und zeitliche Flexibilität beim Lernen einzuräumen. (Vgl. Elsner, 2006, S. 70)

6.1.4. Medienkompetenz

„Je höher die Medienkompetenz eines Lerners ist – also die Fähigkeit, mit Medien- und IT souverän und reflektiert umzugehen – desto leichter fällt ihm oder ihr der Einstieg in das Digitale Lernen. [...]" (Michel, 2006, S. 106)

RESKE differenziert zwischen Erfolgsfaktoren im Bereich des Lernenden und im Bereich des Lernumfeldes. Als Erfolgsfaktoren im Bereich der Lernenden sollte zunächst geklärt werden, ob der Lernende überhaupt über die nötige PC- bzw. Internetkompetenz verfügt. Da viele E-Learningkurse ohne Tutor stattfinden bzw. eine ständige „Kontrolle" durch den Trainer nicht möglich ist, ist es sehr wichtig, dass der Lernende über die Fähigkeit zu eigenverantwortlichem Lernen besitzt und er sich selbst motivieren kann. Des Weiteren kann es ein erfolgsentscheidender Faktor sein, ob der Lernende bereits themenrelevantes Vorwissen vorweisen kann. Als letzten Punkt bezüglich der Lernenden nennt RESKE die emotionale Situation. Dies sind zum Beispiel Ängste vor Überforderung, dem Verlust des Arbeitsplatzes oder vor Veränderung der Arbeitssituation. (Vgl. Reske, 2002, S. 195)

Meier stellt vier weitere Kriterien heraus, die sich ebenfalls als Erfolgsfaktoren herausstellen können. Ob E-Learning erfolgreich im Unternehmen eingeführt werden kann, hängt erstens damit zusammen, ob der Lernende bereits Erfahrung hat mit selbstständigem Lernen hat und zweitens, ob eine generelle Motivation zur Weiterbildung besteht. Als nächstes ergeben sich die letzten zwei Kriterien. Bestehen Vorkenntnisse zum Thema und

Motivation bezüglich der Thematik? Kann dies bejaht werden, umso interessanter wird der Einsatz von E-Learning und umso erfolgsversprechender dessen Einsatz. (Vgl. Meier, 2006, S. 139)

6.1.5. Technischer und inhaltlicher Support

Der technische und inhaltliche Support ist ein weiterer Erfolgsfaktor und stellt einen wesentlichen Beitrag für die Akzeptanz von E-Learning dar. Die Betreuung kann hierbei seitens der E-Learning-Anbieter oder den unternehmensinternen Trainern erfolgen. Neben dem Support auf inhaltlicher und technischer Ebene, kann auch die soziale Ebene miteinbezogen werden.

Technische Betreuung ist wichtig, weil zum Beispiel ein einziger Systemabsturz dazu führen kann, dass ein Mitarbeiter das Interesse am Lernangebot verliert. Um inhaltliche Probleme zu vermeiden, empfiehlt Michel, dass der Tutor auch nach Feierabend erreichbar ist. Asynchrone Kommunikationsformen wie E-Mail oder Foren sieht er nicht als geeignet. (Michel, 2006, S. 106)

6.1.6. Ökonomische Erfolgsfaktoren

Ein letzter, aber nicht zu vernachlässigender Erfolgsfaktor, sind die Kosten. Anwendungen des Digitalen Lernens müssen sowohl für den Weiterbildungsentscheider als auch für den Anwender den gewünschten Lernerfolg bringen und sich gleichzeitig „rechnen". Es sollte somit das ökonomisch günstigste Lehrmittel sein. (Michel, 2006, S. 106)

6.2. Weitere Erfolgsfaktoren
6.2.1. Qualität

Die Einführung von E-Learning in der betrieblichen Weiterbildung sollte nicht unterschätzt und sollte im Vorfeld immer genauestens geprüft werden. Nicht alle Themenfelder sind auf die gleiche Weise geeignet bzw. erfordern andere Voraussetzungen um letzten Endes die Vorteile des E-Learnings genießen zu können.

Im E-Learning Sektor sind die Entwicklungen durch relativ hohe Implementierungskosten gekennzeichnet und erfordern daher konsequente Qualitätssicherungsmaßnahmen in Bezug auf (a) die Qualität des Inhalts und des didaktischen Designs, (b) die Qualität von Lernsoftware, E-Learning-Ausstattung und (c) die Qualität des innerbetrieblichen Einsatzes von E-Learning-Arrangements. Hierfür bedarf es jedoch eindeutiger Beurteilungskriterien. (Kirchmair 2004 b, S. 100)

BUSCHOR stellt folgende Ansprüche an ein gutes E-Learningprogramm:

@ Die hard- und softwaremäßigen Anforderungen müssen so sein, dass sichergestellt ist, dass ein großer Benutzerkreis darüber verfügt.

@ Die Leistungsfähigkeit der Systeme muss ohne große Wartezeiten gewährleistet sein. Die Funktionsfähigkeit und Wartung muss sichergestellt sein.

@ Es verfügt über eine benutzerfreundliche Software, in der klare Lernziele definiert sind, die auch realistischer weise durch den Lernenden erreichbar sind.

@ Die Programme werden in regelmäßigen Abständen aktualisiert.

(Vgl. Buschor, 2005, S. 210)

6.2.2. Akzeptanzsicherung

Damit E-Learning erfolgreich in das Weiterbildungskonzept eines Unternehmens eingebunden werden kann, ist unabdingbar, dass eine sichere Akzeptanzgrundlage geschaffen wird.

HELLER beschreibt als Grundlage zur Akzeptanzsicherung drei Empfehlungen, nämlich Strategie, Beteiligung und Lerner. Im Folgenden wird der Punkt Strategie näher erläutert. Die anderen beiden Punkte werden u.a. im Abschnitt „Betriebsrat" und „Motivation der Lerner" aufgegriffen.

Strategie

Als ersten Schritt sollte sich ein Unternehmen Gedanken über die Vorgehensweise bei der Integration des E-Learning Systems in die betriebliche Weiterbildung machen. Dabei ist es nicht nur wichtig die Strategie nach technischen Fragestellungen auszurichten, sondern auch die Organisation, Kultur und Inhalte in die Strategie mit einzubeziehen. HELLER betont, dass es dabei entscheidend ist, die vier Dimensionen nicht getrennt von einander zu betrachten, sondern aufeinander zu beziehen. (Vgl. Heller, 2002, S. 161)

Eine besonders große Rolle kommt hier vor allem der Dimension (Lern-)Kultur zugute. Mangelnde Akzeptanz hängt, laut HELLER oft mit „lernkulturellen Barrieren" zusammen, die dadurch entstehen, dass kein „positives Lernklima" existiert. Demnach wird zum Beispiel das Lernen am Arbeitsplatz nicht konkret akzeptiert und honoriert. Stattdessen sollte Lernen am Arbeitsplatz sowohl von den Vorgesetzten, als auch von den Kollegen akzeptiert und als Teil der Arbeit anerkannt sein. Manche Mitarbeiter fürchten als „Drückeberger" deklassiert zu werden, da das Lernen am Arbeitsplatz oder in Lerninseln nicht automatisch im Unternehmen als wertvoller Beitrag zur Wertschöpfung gesehen wird, sondern schlimmstenfalls als unproduktiven Zeitvertreib. Gleiches gilt für das Lernen in Lerninseln und nicht direkt am Arbeitsplatz, da viele Mitarbeiter sich scheuen den Platz zu verlassen, da die Kollegen dann während der eigenen Abwesenheit möglicherweise mehr Arbeitsaufwand zum Beispiel durch zusätzliche Telefonate, etc. hätten.

Es muss daher schon vor der Implementierung von E-Learning, aber auch in der Zeit danach Aufklärungsarbeit seitens des Unternehmens geleistet werden um Akzeptanz aufzubauen, zu stärken und zu sichern. (Vgl. Heller, 2002, S. 161)

„E-Learning ist mehr als nur eine neue Lernform – E-Learning ist eine umfassende Veränderung des Lernens im Unternehmen!", so NEUMANN & REICHERT. Damit sehen sie E-Learning als ein klassisches „Change-Projekt", welches daher auf verschiedenen Ebenen, ähnlich wie bei HELLER, vorbereitet werden muss. Dabei kommt der technisch-operative Umsetzung, Kommunikation, Erfolgssicherung und Verankerung im Unternehmen eine wichtige Rolle zu. (Vgl. Neumann & Reichert, 2002, S. 199)

6.2.3. Motivation der Lerner

Ein wesentlicher Faktor für die Einführung und erfolgreiche Umsetzung von E-Learning in Unternehmen ist die Motivation der Mitarbeiter. Wovon hängt die Motivation der Mitarbeiter ab?

BENDEL sieht Vertrauen als grundlegenden Faktor für die Motivation. Er begründet dies damit, dass die Mitarbeiter sicher sein müssen, dass bestimmte Daten vom Unternehmen nicht erfasst, ausgewertet und weiterverwendet werden. Im Gegensatz dazu steht das teilweise sehr stark bestehende Interesse der Unternehmen die Mitarbeiter einer Minimalkontrolle zu unterziehen bzw. ihre Lern- und Wissensprozesse aktiv zu optimieren. (Vgl. Bendel, 2002, S. 105)

Als Lösung für das Motivationsproblem nennt BENDEL den Einsatz von Agenten. Sie stellen eine Erweiterung der herkömmlichen Funktionalitäten einer elektronischen Umgebung dar und ermöglichen eine Optimierung von Lern- und Wissensprozessen. Vor allem in den Bereichen der Kommunikation, Interaktion und Transaktion kommt die Motivation zu tragen. (Vgl. Bendel, 2002, S. 102)

6.2.4. Betriebsrat

Sofern die betroffene Unternehmung einen Betriebsrat hat, so muss dieser vor der Einführung von E-Learning berücksichtigt werden.

Das Betriebsverfassungsgesetz (BetrVG), als Grundlage der Beziehungen zwischen Arbeitgebern und Betriebsrat, regelt die Bahnen, in denen Interessenvertretung stattfindet. Um dem Betriebsrat die Erfüllung seiner Aufgaben zu ermöglichen, steht dem Betriebsrat ein Instrumentarium von Rechten zur Verfügung:

@ *Das Gesetz verpflichtet den Arbeitgeber, den Betriebsrat über alle die Angelegenheiten (Sachverhalte, Ereignisse, Planungen, Vorhaben usw.), die die Interessen der Arbeitnehmer in irgendeiner Weise - negativ oder positiv - berühren, rechtzeitig und umfassend zu informieren.*

@ *Darüber hinaus werden dem Betriebsrat in bestimmten Fällen Mitwirkungsrechte und Mitbestimmungsrechte eingeräumt.*

Der Betriebsrat kann auch „Rechtswege" beschreiten, wenn es zwischen ihm und dem Arbeitgeber zu keiner Einigung kommt, oder der Arbeitgeber die Beteiligungsrechte des Betriebsrats missachtet oder verletzt (Einigungsstellenverfahren, Arbeitsgerichtsverfahren, Strafverfahren, Ordnungswidrigkeitenverfahren) (Vgl. W.A.F. Institut für Betriebsräte-Fortbildung, 2006)

Eine detaillierte Betrachtung ergibt folgendes: Abgeleitet aus dem § 87 Abs. 1 Satz 6 des BetrVG ergeben sich weit reichende Mitbestimmungsrechte bei der Einführung technischer Systeme. Dazu gehört auch die Hard- und Software, die beim E-Learning zum Einsatz kommt. Aus § 96 – 98 des BetrVG ergeben sich weitere Mitbestimmungs-, aber auch Informations- und Beratungsrechte für die strategischen Bereiche Inhalt, Organisation und Kultur, sofern es sich beim E-Learning um betriebliche Bildungsmaßnahmen handelt. Beide Seiten sollten darauf achten, dass es nicht zu Auseinandersetzungen kommt, denn dies würde automatisch negative Auswirkungen auf die Akzeptanz haben. Stattdessen sollte der Betriebsrat als Chance zur Akzeptanzsicherung gesehen werden. (Vgl. Heller, 2002, S. 163)

Beispiele für die Ansprüche des Betriebsrats:

@ Auch mit E-Learning soll der Mitarbeiter dieselben Rechte haben wie in Präsenzmaßnahmen

@ Die neue Form des Lernens soll dem Nutzer keine Nachteile bringen

@ Die neue Form soll dem Nutzer Chancen bieten

@ Das Lernen soll während der Arbeitszeit stattfinden

(Vgl. Erkens, 2005, S. 35)

Im nächsten Abschnitt sollen die vorab von HELLER genannten strategischen Dimensionen auf die Forderungen des Betriebsrates bezogen werden.

Technik

Der Betriebsrat legt großen Wert auf den Datenschutz. Dies gilt auch bei der Einführung von E-Learning, vor allem, weil bei der Nutzung von Internettechnologie Daten der Lerner erhoben werden. Der kritische Punkt in diesem Zusammenhang ist die Tatsache, dass es zu einer Auswertung der Daten zwecks Leistungs- und Verhaltenskontrolle einzelner Beschäftigter kommen könnte.

Ein weiterer Punkt ist das Thema Ergonomie. Die DIN EN ISO 9241 (Teil 10-17) geben genaue Anforderungen an eine ergonomische Gestaltung von Software, die dann auch für E-Learning gilt. Um das Lernen noch effizienter und angenehmer zu gestalten, könnte der Betriebsrat noch weitere Forderungen geltend machen, zum Beispiel bei der Ausstattung der Hardware. (Vgl. Heller, 2002, S. 163)

Inhalte

Da der Betriebsrat, wenn es um die Weiterbildung geht, bei der Auswahl der Inhalte, Bestimmung des Umfangs der zu vermittelnden Kenntnisse und Fähigkeiten, wie auch bei der Wahl der Methode ein Anhörungs- und Mitbestimmungsrecht hat, gilt dies auch fürs E-Learning. (Vgl. Heller, 2002, S. 164)

Organisation

Wenn es um die Organisation einer Maßnahme der betrieblichen Bildung geht, verfügt der Betriebsrat über das Recht an der Auswahl der Teilnehmer, als auch an der Auswahl und Bestimmung der Qualifikation der Trainer teilzunehmen. Auch die Dauer und der terminlicher Zeitpunkt werden vom Betriebsrat daraufhin begutachtet, ob sie keine zusätzliche Belastung für den Lernenden darstellen. Ein weit verbreiteter Streitpunkt zwischen Unternehmen und Betriebsrat ist die Regelung zwischen Arbeits- und Lernzeit. Besonders wenn es um E-Learning geht, empfiehlt HELLER diese Inhalte in einer Betriebsvereinbarung festzuhalten. (Vgl. ebd.)

43

<u>Kultur</u>

Bei Ermittlung und Durchsetzung lernkulturellen Rahmenbedingungen spielt der Betriebsrat eine besonders große Rolle, da er zum Beispiel über besonders gute Kenntnisse über die tatsächlich gepflegten bzw. gelebten Normen und Stile verfügt. Da für eine erfolgreiche Nutzung von E-Learning eine bestimmte Ausprägung an Medien- und (Selbst) Lernkompetenz der Mitarbeiter erforderlich ist, wird der Betriebsrat darauf drängen diese Kompetenzen, sofern sie nicht bereits vorhanden sind, zu entwickeln. Des Weiteren muss die Unternehmensleitung damit rechnen, dass der Betriebsrat die E-Learning Systeme dahingehend prüfen wird, ob durch das E-Learning nicht zusätzliche bzw. neue Barrieren beim Zugang zu beruflicher Weiterbildung und damit zu Aufstiegschancen im Unternehmen errichtet werden. (Vgl. ebd.)

6.2.5. Tutoren

E-Learningnutzer beschweren sich öfters über „Vereinsamung"". Darunter leidet folglich die Akzeptanz. Um die Akzeptanz des E-Learnings zu steigern, können z.B. Tutoren eingesetzt werden. Im Rahmen des E-Learning bietet der Tutor aktive Hilfestellung für die Lernenden an. Sogenanntes Tutoring kann als eigenständiger Kurs funktionieren, es kann aber auch zusammen mit einem WBT eingesetzt werden. Für das Tutoring können E-Mail, Chatrooms oder Foren genutzt werden. Dabei übernimmt der Tutor eine organisierende, soziale und pädagogische Rolle. (Vgl. Haussmann, 2001, S. 50)

6.3. Akzeptanzprobleme

E-Learning hat seit jeher mit Akzeptanzproblemen zu kämpfen gehabt. Die Statistik, dass 85% der Teilnehmenden ihre E-Learning Kurse im ersten Drittel abbrechen, bestätigt dies. (Vgl. Alami, 2006, S. 36)

Die Gründe für den schweren Start von E-Learning liegen größtenteils in der mangelnden Akzeptanz aller drei Parteien, nämlich den Lernenden (Arbeitnehmer), den Unternehmen und den Weiterbildungsanbietern (Trainer). Speziell in der Anfangsphase sind laut HARTIEP folgende Punkte besonders entscheidend. Demnach sind im Gegensatz zu den angelsächsischen Ländern deutsche Bildungsexperten eher konservativ und skeptisch gegenüber moderner Technik eingestellt, so dass eine Einführung länger dauert oder schlimmstenfalls gar nicht stattfindet. Ein anderes Problem stellen die Trainer dar, da sie sich gegen die neuen Techniken wenden und diese somit teilweise überflüssig machen könnten.

Seitens der Unternehmen gibt es keine Risikobereitschaft beim Einsatz von Multimedia-Technik. Die rasante Entwicklung im Multimedia-Bereich führt zu einer kurzen Lebensdauer der Systeme. Aufgrund der im Allgemeinen nicht ermittelbaren vollständigen Kosten herkömmlicher Bildungsmaßnahmen sind Vergleichsrechnungen sehr schwierig, so dass die Wirtschaftlichkeit von Multimedia bezweifelt wird. Zudem werden vor allem kleine- und mittelständische Unternehmen abgeschreckt, da die Kosten für die Erstellung individueller, multimedialer Lernsoftware (Teachware) zu hoch sind und das Angebot an guter Standard- Teachware zu gering ist. (Vgl. Hartiep, 1998, S. 80)

Auch HELLER sieht den Ursprung für die Akzeptanzprobleme der Mitarbeiter bei den Weiterbildungsverantwortlichen und den Anbietern, da diese zum Teil keine realistische Vorstellung von der Einbettung des E-Learning im Unternehmen haben.

Die Lernenden wiederum bevorzugen die Präsenztrainings, weil diese eine Abwechslung zum Arbeitsalltag darstellen und auch gerne als informellen Inforationsaustausch genutzt werden. Gleichzeitig meiden sie E-Learning, weil sie befürchten mit technischen Problemen allein gelassen zu sein bzw. durch die Hektik am Arbeitsplatz gestört zu werden. Auch die Angst E-Learning würde dazu führen, dass Weiterbildung in der Freizeit geschehen müsse, ist sehr groß. (Vgl. Heller, 2002, S. 165)

Als weiterer Grund für das Akzeptanzproblem seitens der Mitarbeiter sollte noch genannt werden, dass die Lerner zu wenig Erfahrung mit digitalem Unterricht gesammelt haben und von unserem Schulsystem (oft Frontalunterricht) geprägt sind. Der Lehrer als Entertainer oder Zuchtmittel fehlt. Selbst für die Lernenden, die eher keine angenehmen Erfahrungen mit der Schulzeit verbinden und für die E-Learning sehr attraktiv sein müsste, scheitern oftmals, da die Anforderungen an die Selbstlernkompetenz (Selbstorganisation und Selbstmotivation) beim E-Learning sehr groß sind. (Vgl. Alami, 2006, S. 37)

ROSS sieht eine echte E-Learning Barriere im Fehlen von Weiterbildungsmaßnahmen in manchen Unternehmen, die grundsätzlich keine Bildungsmaßnahmen für ihre Mitarbeiter anbieten und unterstützen, da sie mit großer Wahrscheinlichkeit auch wenig oder kein Interesse an E-Learning haben werden. (Vgl. Ross, 2004, S. 64)

6.4. Grenzen von E-Learning

Was kann und was kann E-Learning nicht leisten? Um die vielfältigen Möglichkeiten von E-Learning richtig einschätzen zu können, muss man laut MEIER, aber auch dessen Grenzen kennen. Diese werden im Folgenden kurz zitiert:

E-Learning ist nicht der Stein der Weisen.

E-Learning kann nicht alle Probleme lösen, die in Schulungen auftreten, da die Teilnehmer und ihre Bedürfnisse zu unterschiedlich sind. Zudem mangelt es vielfach an technischen Möglichkeiten und didaktisch-methodischem Know-how.

E-Learning ist mit Aufwand verbunden.

Besonders bei den ersten E-Learning Versuchen ist mit einem erhöhten Aufwand zu rechnen. Erst nachdem die ersten Erfahrungen in der Planung, Organisation, Betreuung, etc. gesammelt wurden, spielt sich die Routine, wie bei Präsenzschulungen ein.

E-Learning ist nicht für alle Zielgruppen und für alle Bedarfssituationen nutzbar

Dieses Thema wird im empirischen Teil dieser Arbeit nochmals angesprochen werden. Grundsätzlich gilt, dass bestimmte Themen gut, andere weniger gut für E-Learning Maßnahmen geeignet sind.

Viele Mitarbeiter müssen sich an diese Art des Lernens erst gewöhnen.

Auch nach 20 Jahren seit der Einführung des PCs sehen ihn viele immer noch nicht als selbstverständliches Arbeitsmittel. Auch die Tatsache, dass Lernen eine Selbstverständlichkeit ist und der Mitarbeiter eine Holschuld hat, ist vielen noch nicht bewusst.

Der Erfolg von E-Learning-Maßnahmen ist nicht garantiert.

Obwohl die Konzeption von Seminaren auf jahrzehntelangem Erfahrungswissen beruht, geht auch dort ab und zu etwas schief. E-Learning ist relativ neu. Daher fehlen weitgehend Erfahrungswerte und man weiß zu wenig darüber, welche Faktoren den Erfolg hindern oder fördern. Aus diesem Grund wird man auch in Zukunft nicht vor Überraschungen sicher sein.

E-Learning ist keine Methode wie Seminar oder Workshop.

E-Learning ist eine Sammlung neuer Möglichkeiten und Methoden, die Präsenzveranstaltungen ergänzen, bereichern, in Präsenzveranstaltungen eingebettet werden können oder auch mal Präsenzveranstaltungen ersetzen könnten.

E-Learning ist kein Ersatz für Präsenzveranstaltungen.

Ersetzen bedeutet nicht, dass dies immer geht und immer sinnvoll ist. E-Learning kann jedoch eine Alternative darstellen.

E-Learning kann nicht alles

Die Vorteile von E-Learning wurden in Kapitel 4 bereits erwähnt. E-Learning kann die Verringerung der Kosten, der Lernzeiten, des Aufwandes beim Lernen herbeiführen. Aber auch Individualisierung fördern, die Qualität verbessern oder die Effektivität erhöhen. Diese Vorteile sind erreichbar, jedoch nicht bei jeder Maßnahme. Es gilt Prioritäten zu setzen.

(Vgl. Meier, 2006, S. 73 ff)

Nachdem soeben die Grenzen von E-Learning vorgestellt wurden, endet an dieser Stelle der theoretische Teil dieser Arbeit. Die Ergebnisse und Fakten, die bisher thematisiert wurden, sollten dem Verständnis für den nun folgenden empirischen Teil dienen und eine Vergleichsgrundlage bilden. Entsprechen die Erfahrungen, die die Personalentwicklungsverantwortlichen gemacht haben, dem was in der Theorie besprochen wurde?

Empirischer Teil

7. Fragestellung

„Welche E-Learningformen werden in der betrieblichen Weiterbildung genutzt und welche Erfahrungen haben die Personalentwicklungsverantwortlichen damit gemacht?" Das ist die Leitfrage auf die diese Studie Antworten geben möchte. Wie im 1. Kapitel bereits einführend vorgestellt wurde, ist das Ziel dieser Studie dem Leser einen aktuellen Überblick über E-Learning in Unternehmen zu verschaffen. So soll u.a. geklärt werden in welcher Form E-Learning tatsächlich in den Unternehmen genutzt wird. Finden Medien zur Kommunikation wie Chat, Foren, Whiteboard, etc., die in der einschlägigen Literatur oft thematisiert werden, tatsächlich Nutzung oder beschränken sich die Kommunikationsmittel auf traditionelle Medien wie Telefon oder E-Mail? Es ist zu fragen wer mit E-Learning in Berührung kommt, sind es alle „Schichten" eines Unternehmens oder wird E-Learning nur für eine bestimmte Gruppe von Mitarbeitern eingesetzt?

Da E-Learning bereits seit einigen Jahren auf dem Markt platziert ist, ist zu erwarten dass es von einigen Unternehmen bereits intensiv eingesetzt wird. Hier sind von Interesse, die Beweggründe der Unternehmen für die damalige Entscheidung E-Learning zu implementieren, herauszufinden. Außerdem ist zu fragen, in wie weit die Vorstellung und Ziele der Personalentwicklungsverantwortlichen, die bei der Einführung bestanden, erfüllt worden sind.

Anhand dieses Auszugs und weiterer Fragen aus dem vorbereiteten Fragenkatalog bestehend aus insgesamt 35 Hauptfragen, wird festgestellt, ob die Ergebnisse anderer Studien, wie z.B. Ergebnisse der Cognos Studie oder der Unicmind Studie, die in Kapitel 5 vorgestellt wurden den Ergebnissen dieser Studie ähneln oder ob es Unterschiede gibt. Zudem sollte geklärt werden, in wie fern Veränderungen in Bezug auf E-Learning im Laufe der Zeit eingetreten sind. Hier stellte sich u.a. die Frage nach der Akzeptanz von E-Learning bei den Betroffenen, also den Mitarbeitern der befragten Unternehmen. Außerdem soll diese Studie einen Hinweis darauf geben in welche Richtung sich die Zukunft von E-Learning entwickeln wird. Bleibt die Situation ähnlich wie in den beschrieben Studien oder wurde das Potential von E-Learning von den Verantwortlichen erkannt, sodass E-Learning weiterhin eigenständig eingesetzt wird oder wie auch bereits erwähnt in der Lernform Blended Learning aufgeht.

8. Methodische Vorgehensweise

Zunächst werden die Vorbereitungen der empirischen Studie beschrieben. Dem Aufbau und der Vorgehensweise dieser Arbeit liegen die Methoden und Praktiken nach BORTZ & DÖRING zugrunde.

8.1. Einleitende Bemerkungen

Wie bereits in der Einleitung erwähnt, liegen nur wenige Studien über den Einsatz von E-Learning in der betrieblichen Weiterbildung vor. Noch geringer fällt die Menge aus, die sich speziell auf das Thema Erfahrungen in der betrieblichen Praxis bezieht. Diese Feststellung wird durch die Ausführungen von DA RIN belegt. (Da Rin, 2003, S. 76) Ein weiteres Problem, dass DA RIN erkannt hat und ebenfalls für diese Arbeit gilt, ist, dass E-Learning-Programme in jeweils unterschiedlichen Kontexten zum Einsatz kommen und damit viele verschiedene Kontextvariablen bei einer Analyse berücksichtigt werden müssen. (Vgl. ebd.) Leider lässt sich das nur sehr schwer in die Realität umsetzen, zumindest im Rahmen dieser Arbeit, da der Aufwand zu hoch wäre.

Aus den vielfältigen Auswahlmöglichkeiten von Forschungsmethoden stand ziemlich schnell fest, dass diese Studie nur im Rahmen einer Umfrage Antworten liefern könnte. Methoden wie die Beobachtung schieden von vornherein aus.

Als nächstes musste die Realisierung der Umfrage konkretisiert werden. Eine Umfrage bzw. ein Interview kann strukturiert oder unstrukturiert erfolgen. Letzteres hat den Nachteil, dass keine gute Vergleichbarkeit zwischen den Befragten möglich ist. Dies hat dann wiederum zur Folge, dass eine Auswertung erschwert wird. Daher erfolgte die Entscheidung die Befragung anhand eines Fragebogens durchzuführen.

Als nächstes galt es zu entscheiden, ob die Befragung der Unternehmen schriftlich, telefonisch oder sogar persönlich erfolgen sollte. Jede diese drei Möglichkeiten bietet ihre Vor- und Nachteile.

So ist das telefonische Interview eine schnelle und preiswerte Interviewvariante, da man sich lange Anreisezeiten zu entfernten Unternehmen sparen kann. Der Stichprobenpool lässt sich so vergrößern. Des Weiteren wird das telefonische Interview seitens der Befragten als weniger bedrängend erlebt, da viele Unternehmen es nicht unbedingt wünschen, dass externe Besucher sich in den Personalabteilungen aufhalten. Auch aus zeitlicher Sicht ist es für das zu befragende Unternehmen angenehmer, da auch für sie der Zeitaufwand geringer ist und sich Telefontermine flexibler einrichten (und ggf.

verschieben) lassen. Als Nachteil wird von BORTZ & DÖRING genannt, dass telefonische Interviews nicht zu lang sein dürfen (max. 20 min). Auch seien sie wenig standardisierbar, da die Begleitumstände unkontrolliert seien. (Vgl. Bortz & Döring, 1995, S. 219)

Aufgrund der großen Entfernung zu den befragten Unternehmen kamen nur zwei der Befragten Unternehmen für ein persönliches Interview in Frage. Sie waren auch die ersten, die befragt wurden und stellten sozusagen den Probedurchlauf dar (Pretest). Es gab auf diese Art und Weise direktes Feedback zum Fragebogen, z.b. ob die Fragen verständlich waren, Rechtschreibfehler oder Darstellungsmängel gefunden wurden. Der Fragebogen wurde für die komplette Studie in seiner Ursprungsform beibehalten, da seitens der beiden Pilotunternehmen keine nennenswerte Kritik erfolgte.

Ein Großteil der Fragebögen wurde aus Zeitmangel letzten endlich schriftlich und eigenständig seitens der befragten Unternehmen ausgefüllt, so dass nur wenige Telefoninterviews zustande kamen. Immerhin konnte so jedoch eine relativ hohe Teilnahmequote erreicht werden.

8.2. Fragebogen

Da nicht alle Teilnehmer die Möglichkeit eines persönlichen oder telefonischen Interviews nutzen und somit ohne Betreuung den Fragebogen ausfüllen würden, war es wichtig diesen optisch so aufzubereiten, so dass die Fragen verständlich und übersichtlich angeordnet sind. Insgesamt umfasst der Fragebogen 35 Fragen auf vier Seiten.

Das besondere am Fragebogen ist, dass dieser sowohl aus quantitativen als auch qualitativen Fragen besteht.

Die quantitativen Fragen ermöglichen eine einfache und präzise Auswertung und im Endeffekt auch eine klare Vergleichbarkeit, indem beispielsweise Anteile ermittelt werden.

Die qualitativen Fragen bieten die Möglichkeit, ähnlich wie in einem persönlichen Interview, Aussagen zu erhalten, die nur schwer mit einer quantitativen Fragestellung zu erreichen sind. Außerdem erhält man individuelle Aussagen, die nicht durch vorgegebene Antwortmöglichkeiten beeinflusst werden.

Neben der Unterscheidung der Fragen nach qualitativer und quantitativer Fragestellung beinhaltet der Fragebogen unterschiedliche Frage zu verschiedenen Themenbereichen. Der Fragebogen beginnt mit einem allgemeinen Themenblock, der einige unternehmensinterne Faktoren abfragt, wie zum Beispiel die Frage nach den anteiligen Kosten für E-Learning an der Gesamtweiterbildung. Einen weiteren Themenblock stellen die E-Learningformen dar. So befasst sich dieser Themenblock mit Fragen wie „Welche E-Learningformen haben die größte Bedeutung?". Mit diesem Themenblock soll erfasst werden, welche E-Learningformen oder Kommunikationsmedien (im Rahmen von E-Learning) in der betrieblichen Praxis tatsächlich eine Rolle spielen. Als Weiteres wurde der Fragebogen so konzipiert, dass Fragen zur E-Learninganwendung gestellt werden. Diese Fragen beziehen sich u.a. auf die E-Learninginhalte oder den Anwenderkreis. Den nächsten Block bilden Fragen zum organisatorischen Hintergrund im jeweiligen Unternehmen, z. B. welche Hemmnisse im Unternehmen bezüglich E-Learning existieren oder welche Zukunft E-Learning im Unternehmen haben wird.

Die Auswahl der Fragen erfolgte nach unterschiedlichen Kriterien. Insgesamt wurden sie so formuliert, dass sie ein möglich umfassendes Bild über die Erfahrungen mit E-Learning im Unternehmen abbilden. Als Anregung und zur Vergleichbarkeit wurden einige Fragen aus der Unicmind, BMBF und Cognos Studie entnommen, sowie vom theoretischen Teil dieser Arbeit abgeleitet.

Ein Muster des Fragebogens findet sich im Anhang dieser Arbeit.

8.3. Stichprobe

Da es in der Fragestellung dieser Arbeit darum geht die Erfahrungen von Personalentwicklungsverantwortlichen mit E-Learning zu erfassen, kamen selbstverständlich nur Unternehmen für die Stichprobe in Frage, die bereits Erfahrungen mit E-Learning vorweisen konnten. Dabei richtete sich der Fragebogen vor allem an solche Unternehmen, die bereits über fundierte Erfahrungen mit E-Learning verfügten und E-Learning Konzepte in ihrer Weiterbildung genutzt haben.

Die Unternehmensgröße spielte in dieser Studie eine wichtige Rolle. Es konnten theoretisch zwar sowohl große als auch kleine und mittelständische Unternehmen einbezogen werden, bisherige Studien zeigten jedoch, dass E-Learning vermehrt in großen Unternehmen zur Anwendung kommt. Der telefonische Kontakt mit einigen mittelständischen Unternehmen bestätigte dies, so dass im weiteren Verlauf nur noch Großunternehmen kontaktiert wurden.

Theoretisch könnte sich die Stichprobe auf spezielle Branchen oder Regionen beziehen. Dies wird jedoch nicht als Schwerpunkt dieser Arbeit gesehen, da es ganz allgemein um die Erfahrungen der Personalentwicklungsverantwortlichen mit E-Learning geht. Außerdem würde die Einschränkung auf spezielle Branchen oder Regionen die Stichprobe zu sehr reduzieren, zumal damit zu rechnen ist, dass nicht alle angesprochenen

Unternehmen zur Verfügung stehen würden. Eine zu kleine Stichprobe würde dann dazu führen, dass das Ergebnis nicht mehr repräsentativ ist. Sofern sich bei der Auswertung der Ergebnisse jedoch branchenspezifische Eigenheiten zeigten, würden diese in der Auswertung der Frage kurz dokumentiert werden.

Ein Großteil der kontaktierten Unternehmen stammte aus der Webseite „The Top500 of the German Companies". (Vgl. The Top500)

Wie die Fragestellung schon beschreibt, geht es darum Personalentwicklungsverantwortliche zu befragen. Dies sind in den meisten Fällen Mitarbeiter aus der Weiterbildung oder Personalentwicklung. (vgl. Kapitel 2). Die genaue Durchführung wird in Kapitel 9 ausführlich beschrieben. Aus welchen Personen sich die Stichprobe im Endeffekt genau zusammengesetzt hat, wird in Kapitel 10 (Frage 1) dargestellt.

8.4. Methode

Ein Teil der Fragen im Fragebogen haben eine qualitative Ausprägung. Ein Großteil davon besteht aus Multiple Choice Antworten. Um möglichst wenige Fälle zu haben, in den Fragen nicht beantwortet werden (z.B. weil sie nicht zutreffen), ist oft bei diesen Fragetypen die Antwortmöglichkeit „andere" oder „keine" gegeben.

In einigen Fällen schließt sich eine Bewertung der angegeben Antworten in Anlehnung an eine Likert-Skala nach Schulnoten, an.

Da die Menge an quantitativen Fragen nicht sehr umfangreich ist, kann die Auswertung der quantitativen Fragen ohne eine professionelle Software erfolgen, so dass die Auswertung mittels Excel durchgeführt wurde.

Der Vorteil von persönlichen oder telefonischen Interviews liegt bekanntlich darin, dass man über die gestellten Fragen hinaus die Möglichkeit hat im Gespräch weitere Informationen zu gewinnen. Da jedoch vor Beginn der Studie abzusehen war, dass viele der Ansprechpartner nur ein begrenztes Zeitbudget haben und nicht für persönliche oder telefonische Interviews zur Verfügung stehen würden, wurden in den Fragebögen mehrere offene Frage integriert um den Teilnehmern die Möglichkeit zu geben ihre eigene Meinung zu äußern. Außerdem haben die offenen Fragen den Vorteil, dass die Antworten nicht durch bestehende Antwortmöglichkeiten beeinflusst werden können. Die Gefahr dieser Fragen ist jedoch, dass sie oft übersprungen werden, da die Motivation fehlt, schriftlich lange Antworten zu geben.

Nach Abschluss sämtlicher Befragungen werden zu jeder Frage alle gegebenen Antworten gesammelt. Danach werden die Antworten verglichen. Ähnliche Antworten werden dann in einem weiteren Schritt geclustert. Abschließend wird nachgezählt wie viele Antworten jedes Cluster enthält. Diese Methode ermöglicht die qualitativen Fragen quantitativ Auszuwerten. Auch hier erfolgte die Auswertung mittels Excel. Damit das Ergebnis seine Repräsentativität beibehält, wurde von Anfang an auch die Menge an nicht beantworteten Fragebögen pro Frage mitgezählt.

Sowohl bei den quantitativen, als auch den qualitativen Fragetypen, sollten bei der Konstruktion des Fragebogens, die sogenannten Gütekriterien Objektivität, Reliabilität, und Validität berücksichtigt werden.

9. Durchführung

Nachdem die Methode festgelegt wurde, der Fragebogen konzipiert war sowie die Stichprobe fest stand, konnte mit der Durchführung der Studie begonnen werden. Für die Kontaktaufnahme mit den Unternehmen wurde ein Zeitraum von vier Wochen eingeplant. Der Rücklauf der Fragebögen erfolgte, leicht zeitversetzt, ebenfalls im Rahmen dieser vier Wochen. Zwei Wochen nach Kontaktaufnahme mit den jeweiligen Unternehmen und der Zusendung des Fragebogens wurde eine Erinnerungsmail an alle Unternehmen verschickt, die bis dato noch nicht reagiert hatten. Kurz nach Ablauf der vier Wochen erfolgte eine weitere Erinnerungs-E-Mail.

Da vorab keine Datenbank mit möglichen Ansprechpartnern zur Verfügung stand, bestand der Ablauf darin, dass die Unternehmen zunächst über die Zentrale telefonisch kontaktiert wurden und nach einem Ansprechpartner für Weiterbildung oder Personalentwicklung gefragt wurde, mit der Bemerkung, dass es speziell um das Thema E-Learning ginge. Sofern man weitergeleitet wurde, wurde erst in der entsprechenden Fachabteilung erneut nach einem E-Learning Verantwortlichen gefragt. Bereits an dieser Stelle wurde deutlich, welche Stellung E-Learning im Unternehmen hat. So gab es Fälle bei denen die Mitarbeiter der Telefonzentrale nicht wussten was E-Learning ist, geschweige einen Ansprechpartner nennen konnten. Auch die Zuordnung zu welchem Unternehmensbereich E-Learning gehört war in vielen Fällen nicht klar. Selbstverständlich gab es auch positive Fälle, wo es für E-Learning einen direkten Ansprechpartner gab, der auch als solches bekannt war.

Den Ansprechpartnern wurde dann jeweils kurz der Sachverhalt und die Gründe für diese Arbeit erklärt. Als Anreiz für die Teilnahme, wurde ihnen zugesichert, entweder eine Zusammenfassung der Ergebnisse oder die komplette Arbeit nach Abschluss zur Verfügung zu stellen. Bei Interesse an einer Teilnahme wurde dann der Fragebogen per E-Mail verschickt und ggf. ein Termin für ein persönliches oder telefonisches Interview vereinbart. In den meisten Fällen wurden die Fragebögen aus zeitlichen Gründen von den Ansprechpartnern schriftlich ausgefüllt und per E-Mail zurück gesandt.

Im Anschluss erfolgte die Auswertung sämtlicher Fragebögen mittels Excel. Die Ergebnisse werden im folgenden Kapitel vorgestellt.

10. Ergebnis

10.1. Metadaten der Befragung

Teilnahmequote

Es wurden insgesamt 70 Unternehmen kontaktiert, von denen letztendlich 40% (28 Unternehmen) an der Umfrage teilgenommen haben. Etwas mehr als 31% haben von vornherein die Teilnahme an der Studie abgelehnt, so dass ihnen kein Fragebogen zugeschickt wurde. Ca. 14 % lehnten die Teilnahme an der Studie ab, da sie entweder kein E-Learning anbieten oder E-Learning mittlerweile aufgrund der mangelnden Mitarbeiterakzeptanz wieder abgeschafft haben. Weitere 14% der kontaktieren Unternehmen reagierten, trotz vorheriger Kontaktaufnahme, nicht auf die Zusendung des Fragebogens und weiteres Nachfragen blieb ebenfalls unbeantwortet (siehe Abbildung 13).

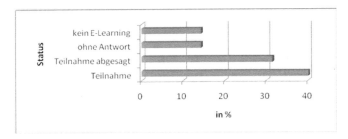

Abbildung 13. Metadaten der Studie

Übersicht der Unternehmen nach Branche

Die Unternehmen, die sich an der Studie beteiligt haben, teilen sich auf die in Abbildung 14 aufgelisteten Branchen auf. Die meisten Teilnehmer stammen aus der IT Branche (5 Teilnehmer), gefolgt von Versicherungen und der Automobilbranche (je 4 Teilnehmer). Ansonsten zeigt sich, dass die Teilnehmer aus sehr unterschiedlichen Bereichen kommen. In mehreren Fällen ist pro Branche nur ein Unternehmen vertreten. Dies soll allerdings für den weiteren Verlauf der Auswertungen keine negativen Konsequenzen haben, da es in der Aufgabenstellung nicht speziell darum geht Erfahrungen in bestimmten Branchen zu ermitteln, sondern einen Gesamteindruck zu verschaffen.

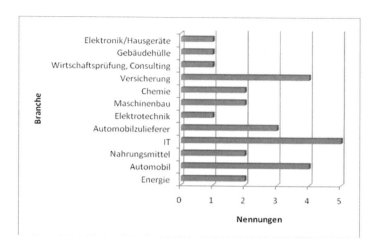

Abbildung 14. Unternehmen nach Branche

Unternehmensgröße

Bezüglich der Unternehmensgröße fallen ebenfalls einige Merkmale auf. Zunächst konnten einige Unternehmen nicht in diese Rechnung miteinbezogen werden, da sie keine Angaben gemacht hatten und auch eine Internetrecherche keine weiteren Aufschlüsse auf die Mitarbeiterzahl in Deutschland zuließ. Auffällig ist, dass nur große Unternehmen vertreten sind. Dies hängt damit zusammen, dass vorab die Stichprobe bereits auf größere Unternehmen reduziert wurde. Es wurden zwar vereinzelt auch noch kleinere Unternehmen kontaktiert, aber es bestätigte sich die Tatsache, dass auch heute noch, E-Learning sich nicht komplett in der Wirtschaft hat durchsetzen können. Vor allem kleine- und mittelständische Unternehmen haben sich bisher mit der Einführung von E-Learning zurückgehalten, fangen aber langsam an über den Einsatz von E-Learning nachzudenken. Die Abbildung 15 zeigt, dass die Mitarbeiteranzahl in fünf Gruppen geteilt wurde. Die Nennungen pro Gruppe liegen bei vier bzw. sechs, so dass sich eine gleichmäßige Verteilung der Unternehmensgröße ergibt.

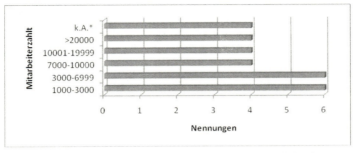

Abbildung 15. Unternehmensgröße

*keine Angabe: im Folgenden durch k.A. abgekürzt

10.2. Auswertung und Interpretation

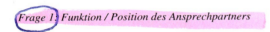

Frage 1: Funktion / Position des Ansprechpartners

Um eine Gesamteinschätzung bezüglich der Ansprechpartner in den Unternehmen, die den Fragebogen ausgefüllt haben zu erhalten, wurden diese nach ihrer Funktion bzw. Position im Unternehmen befragt (Vgl. Abbildung 16). Die Mehrheit der Befragten stammt aus dem Bereich Personalentwicklung. Auch Personen aus dem Bereich Weiterbildung und Training sind stark vertreten. Dieses Ergebnis ist nicht besonders überraschend wenn man bedenkt, dass E-Learning klassischerweise eine Form der Weiter- bzw. Fortbildung ist. Alle anderen Positionen sind jeweils nur einmalig vertreten und sind unter dem Punkt „andere" zusammengefasst. Dies liegt hauptsächlich daran, dass es sich dabei um sehr spezielle Bezeichnungen handelt. Es ist auch ein Zeichen dafür, dass E-Learning in diesen Unternehmen vermutlich eine wichtige Rolle einnimmt, wie zum Beispiel in dem Fall, bei dem E-Learning in den Bereich „innovative Lernformen" eingegliedert ist.

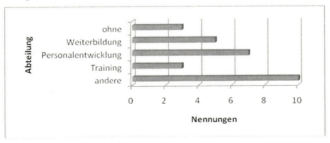

Abbildung 16. Abteilung

Als Zweites wurde im Rahmen dieser Frage auch die unternehmensinterne Position näher untersucht um sich einen Überblick über das Kompetenzprofil der Befragten zu machen. Die Auswertung in Abbildung 17 zeigt, dass es hauptsächlich (Personal-)Referenten oder Mitarbeiter mit leitender Position sind, die den Fragebogen beantwortet haben. Den folgenden Antworten kann somit eine qualitativ hohe Bedeutung angerechnet werden, da die Befragten aufgrund ihrer Position und Qualifikation über eine hohe Kompetenz verfügen.

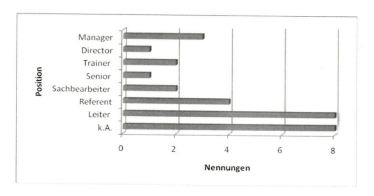

Abbildung 17. Funktion

Frage 2: Hat das Unternehmen bereits interne Studien zu E-Learning durchgeführt?

Ziel dieser Frage war es festzustellen, ob sich die Unternehmen intern bereits detaillierter mit E-Learning auseinander gesetzt haben. Die Auswertung ergibt, dass von den 28 Unternehmen, die an der Umfrage teilnahmen, nur acht von ihnen interne Studien zum Thema E-Learning durchgeführt haben. Folglich sind es 20 Unternehmen die E-Learning seit mehreren Jahren anbieten, aber sich noch nicht intensiv in Form von Studien damit befasst haben. Dies wirft automatisch die Frage auf, ob E-Learning eventuell keine große Rolle in diesen Unternehmen spielt bzw. dort nicht ernst genommen wird. Der Vergleich der Fragebögen ergibt, dass bisher vor allem in den IT Unternehmen interne Studien zu E-Learning durchgeführt wurden.

Frage 3: Werden die internen Studien im Rahmen dieser Arbeit zur Verfügung gestellt? nicht.

Auf diese Frage reagieren viele der Befragten mit Zurückhaltung. Nur die Hälfte der acht Unternehmen, die interne Studien durchgeführt hatten, sind bereit diese auch zur Verfügung zu stellen. Dadurch, dass insgesamt viele Unternehmen keine Studien vorweisen können, lassen viele von ihnen diese Frage unbeantwortet.

Diese Frage wurde mit dem Ziel gestellt, über die Beantwortung des Fragebogens hinaus, weitere Informationen zu erhalten und diese ggf. in diese Arbeit einzubauen. Aufgrund des geringen Rücklaufs wurde dieses Vorhaben nicht weiter verfolgt.

Frage 4: Was verstehen die Befragten unter E-Learning?

Nachdem die ersten Fragen des Fragebogens eher als Einstieg dienten und die allgemeinen Rahmeninformationen zu den beteiligten Unternehmen abfragten, ging es bei dieser Frage darum eine Grundlage für den weiteren Verlauf des Interviews zu schaffen. Um Missverständnisse zu vermeiden musste nämlich geklärt werden, was die jeweiligen Ansprechpartner unter E-Learning verstehen und was mit dem Begriff E-Learning im Rahmen dieser Studie verstanden wird.

Da diese Frage keine vorgegebenen Antwortbeispiele vorgab, fielen die Antworten naturgemäß sehr unterschiedlich aus. Auffällig ist, dass sich zwei ähnlich große Cluster bilden lassen. Ungefähr elf der beteiligten Unternehmen nennen das Lernen mit „elektronischen Medien" als typische Definition von E-Learning. Unter elektronisch verstehen sie dabei alle Formen, die in irgendeiner Weise elektronisches Lernen ermöglichen, angefangen bei CBT bis hin zum Onlinelernen. Also E-Learning als klassischen Oberbegriff.

Das andere Cluster repräsentiert E-Learning vermehrt als Online Lernen (ca. elf Nennungen) und steht für eine etwas modernere Definition von E-Learning.

Weitere Antworten, die in diesem Zusammenhang genannt wurden, sind:

@ Die Möglichkeit sich durch Selbststudium Wissen anzueignen.

@ Interaktives Lernen am PC

@ Das Vermitteln von theoretischem Wissen als Voraussetzung für trainerbasierte Trainings.

@ Die Möglichkeit zeit- und ortsunabhängig zu lernen.

@ E-Learning findet Anwendung in Form von Blended Learning.

Der Hintergrund dieser Frage bestand darin, herauszufinden, wie lange die befragten Unternehmen schon E-Learning nutzen um daraus im Rückkehrschluss ihre Kompetenz und Eignung für die Befragung des Fragebogens abzuschätzen. Fast die Hälfte der Befragten hat zwischen 2001 und 2005 mit E-Learning begonnen. Das zeigt, dass in vielen Unternehmen E-Learning eine noch relativ junge Lernmethode ist und die Befragten auf einen Erfahrungsschatz von „nur" 2 bis 6 Jahre zurück greifen können. Aber auch der Anteil derjenigen, die bereits zwischen 1995 und 2000 mit E-Learning begonnen haben ist relativ hoch. Der Grund für mangelnde interne Studien (Frage 2) liegt daher eventuell daran, dass E-Learning in den meisten Unternehmen noch nicht sehr lange im Einsatz ist. Die Abbildung 18 zeigt die detaillierten Ergebnisse zu dieser Frage.

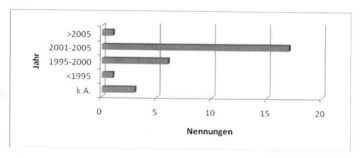

Abbildung 18. Einführung von E-Learning

ähnlich

Mit dieser Frage soll ermittelt werden, welchen Anteil E-Learningangebote am Gesamtweiterbildungsangebot haben. Die Vermutung, die hinter dieser Frage steckt, ist, dass umso höher der Anteil an E-Learning am Gesamtweiterbildungsbudget ist, desto höher auch die Nutzung und somit die Akzeptanz im jeweiligen Unternehmen. Die Umfrage ergibt, dass im Großteil der Unternehmen E-Learning scheinbar nur eine geringe Bedeutung hat, da acht der Unternehmen, die auf diese Frage geantwortet haben, den Anteil zwischen 5% und 10% sehen. Auffällig bei dieser Frage ist, dass von den insgesamt 28 beantwortet Fragebögen, neun Unternehmen diese Frage unbeantwortet ließen. Dies kann damit zusammenhängen, dass viele der Teilnehmer die genauen Zahlen zu E-

Learning und Weiterbildung nicht kennen oder keine Informationen darüber nach Außen geben wollen. Abbildung 19 stellt die Ergebnisse dieser Frage dar.

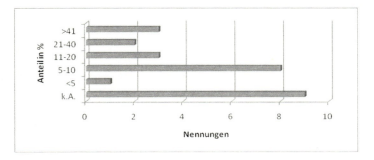

Abbildung 19. Anteil von E-Learning am Gesamtweiterbildungsangebot

Frage 7: E-Learning Anteil an den Gesamtkosten für die Weiterbildung   nicht

Im Gegensatz zur Frage 6 ging es hierbei nicht um die verhältnismäßige Verteilung von E-Learning zur Gesamtweiterbildung, sondern um den Anteil an den Kosten. Die Vermutung ist, dass umso höher die anteiligen Ausgaben für E-Learning sind, desto höher auch dessen Akzeptanz und Bedeutung im Unternehmen. Leider ist die Resonanz auf diese Frage noch geringer als bei Frage 6. Die meisten Unternehmen äußerten sich nicht zu dieser Frage. Die wenigen Antworten liegen zwischen 1% und 70%. Ob diese Ergebnisse realistisch sind, ist, zumindest in einigen Fällen fragwürdig. Ein möglicher Grund für die geringe Teilnahme an dieser Frage könnte der finanzielle Aspekt sein, über den die meisten Unternehmen ungern Informationen nach außen geben. Zudem äußerten einige Befragten, dass sie sich mit dieser Frage noch nicht näher beschäftigt hätten und daher keine Antwort darauf geben könnten. Das Ergebnis ist in Abbildung 20 dargestellt.

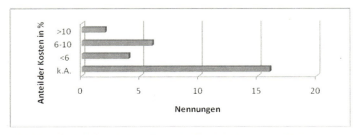

Abbildung 20. Anteil von E-Learning an den Weiterbildungsgesamtkosten

nicht **Frage 8: Können durch E-Learning die Weiterbildungskosten gesenkt werden?**

In der Theorie wird oftmals gepriesen, dass mit E-Learning die Kosten für die Weiterbildung gesenkt werden können. Circa 19 der Befragten, geben an, dass sie durch E-Learning ihre Weiterbildungskosten nicht senken konnten. Nur fünf können eine Reduzierung der Kosten feststellen. Vier der Unternehmen machen keine Angabe zu dieser Frage. Ein möglicher Grund dafür könnte sein, dass auch zu dieser Frage keine Erfahrungswerte vorliegen.

Als Begründung weshalb E-Learning die Weiterbildungskosten nicht senken kann, kommen seitens der Befragten folgende Anmerkungen. Demnach sei E-Learning kein Ersatz, sondern eine Ergänzung im Weiterbildungsangebot, welche genau genommen selbst Kosten verursacht und ständig neue Investitionen erfordert. Gleichzeitig würde man natürlich auch an anderen Stellen sparen, z.B. aufgrund fehlender Reisekosten, erhöhter Flexibilität und geringerer Abwesenheit der Teilnehmer vom Arbeitsplatz. Teilweise wird auch behauptet, dass man mit der Einführung von E-Learning gar nicht vorgehabt hätte die Kosten zu senken, sondern, dass es nur eine Erweiterung des Lernangebots darstellen sollte.

Frage 9a: Welche E-Learningformen haben die größte Bedeutung?

Da der Begriff E-Learning verschiedene Formen umfasst, ist es im Rahmen dieser Befragung wichtig zu klären, welche E-Learningformen am meisten in den Unternehmen eingesetzt werden. Mit Bezug auf den theoretischen Teil dieser Arbeit wird per Multiple Choice speziell nach den Formen CBT, WBT, Blended Learning, Virtual Classroom und Business TV gefragt. Die Umfrage ergibt, dass Blended Learning bei 20 von 28 Befragten genutzt wird. CBT und WBT schneiden ähnlich ab. Mit nur vier Stimmen schneidet Business TV mit Abstand am schlechtesten ab. Dennoch sollte diese E-Learningform an dieser Stelle nicht unterbewertet werden. Es ist anzunehmen, dass viele Unternehmen Business TV-Ähnliche Inhalte und Funktionen in Virtual Classroom oder WBT Formate verpacken. Abbildung 21 fasst das Ergebnis graphisch zusammen.

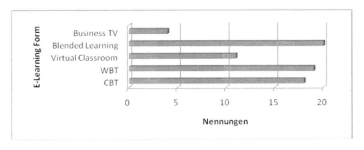

Abbildung 21. E-Learning Form (a)

Um die Ergebnisse dieser Frage noch etwas detaillierter zu betrachten, schloss sich im Fragebogen die Aufgabe an, die einzelnen Formen nach ihrer Bedeutung im Unternehmen zu bewerten. Dies erfolgte mittels der Vergabe von Schulnoten, wobei 1 einer sehr hohen Bedeutung, 3 einer mittelmäßigen Bedeutung und 5 einer sehr geringen Bedeutung von E-Learning innerhalb des Unternehmens entspricht. Das Ergebnis ist in Abbildung 22 dargestellt.

Insgesamt ergibt die Umfrage, dass WBT, Blended Learning und Virtual Classrooms die höchste Bedeutung in den Unternehmen haben. Sie erreichen auf der Skala eine Bewertung von ca. 2,0; also „gut" Bei den Unternehmen, die Business TV anbieten, schneidet diese Lernform mit einem Durchschnittswert von 2,6 relativ schlecht ab und hat dort keine große Bedeutung. Auch CBT scheinen eine eher geringe Bedeutung zu haben, obwohl sie laut Abbildung 21 häufig Einsatz finden.

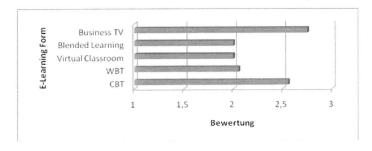

Abbildung 22. E-Learning Form (b)

Ähnlich wie bei Frage 9a, sollte bei dieser Frage zunächst ermittelt werden, welche Formen von E-Learning in den Unternehmen genutzt werden um dann in einem weiteren Schritt deren Bedeutung zu erfassen. Zur Auswahl standen die Formen Download, CDs und Online Komponenten. Die Befragung ergab, dass ca. 22 der Befragten Online Komponenten in Verbindung mit E-Learning anbieten. CDs werden von 20 der Teilnehmer angeboten. Auch Downloadmöglichkeiten sind mit 14 Nennungen relativ stark vertreten (siehe dazu Abbildung 23), so dass zusammengefasst werden kann, dass alle drei Komponenten eine wichtige Rolle spielen.

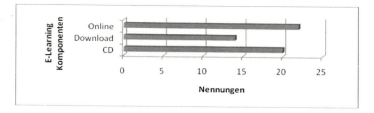

Abbildung 23. E-Learning Komponenten (a)

Bei der Frage nach der Bedeutung der jeweiligen Komponenten für das Unternehmen, schneidet die Komponente Download mit einer Bewertung von 1,4 (sehr gut) und insgesamt am besten ab. Die Unternehmen, die Downloads anbieten scheinen daher mit dieser Methode sehr zufrieden zu sein, da sie auch sehr einfach zu handhaben sind. Die Komponente CD erhält eine Bewertung von ca. 2,1. Dieses Ergebnis ist möglicherweise damit zu erklären, dass CDs etwas veraltet sind und immer mehr durch Downloads ersetzt werden, welche auch kostengünstiger sind. Auch Online Komponenten wie z.B. Chat, Instant Messenger, etc., haben in der Praxis eine relativ hohe Benutzungsrate. Allerdings setzen diese eine ständige Internetverbindung voraus und sind damit weniger flexibel. Deren Bedeutung wird im Schnitt mit ca. 1,7 (gut) bewertet, wie aus Abbildung 24 deutlich wird.

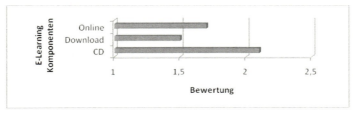

Abbildung 24. E-Learning Komponenten (b)

Frage 10: Kommunikation zwischen Tutor und Lernenden

Diese Frage beschäftigte sich mit dem Thema synchroner und asynchroner Kommunikationsformen. Genauer genommen mit der Frage welche Kommunikationsformen in den Unternehmen in Zusammenhang mit E-Learning verwendet werden um die Kommunikation zwischen Tutor und Lernenden zu ermöglichen. Auch diese Frage erfolgte per Multiple Choice Auswahl, wo verschiedene Antwortmöglichkeiten gegeben wurden.

Die Kommunikation per E-Mail schneidet eindeutig am besten ab. Die Abbildung 25 zeigt, dass in 21 von 28 Unternehmen die Lernenden hauptsächlich durch E-Mail Kontakt zu ihren Tutoren haben, gefolgt von Foren, die von 10 Personen genannt werden. Hier wird bereits der große Unterschied zwischen traditionellen (E-Mail) und modernen Kommunikationsformen (Forum) deutlich. In fünf Fällen scheint es sogar so zu sein, dass keine Kommunikation zwischen den Teilnehmern selbst besteht. Einige Unternehmen sehen zusätzlich auch das Telefon oder andere Kommunikationsmittel als Möglichkeit um die Kommunikation zwischen Tutor und Lernenden zu ermöglichen. Ob E-Mail nun das geeignetste Kommunikationsmittel ist, bleibt fragwürdig, da hier die Vorteile synchroner Kommunikationsformen nicht greifen. Allerdings ist sie einfach in der Handhabung und fast jeder Mitarbeiter ist damit zu erreichen. Andere Formen, wie z.B. Whiteboards oder Videokonferenzen sind nicht jedem bekannt, bzw. bereiten dadurch Schwierigkeiten in der Anwendung.

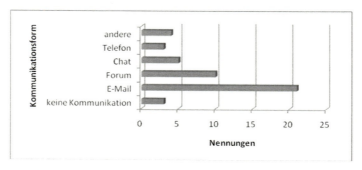

Abbildung 25. Kommunikationsformen

Frage 11: Wofür ist E-Learning geeignet?

Bei dieser Frage ging es darum herauszufinden wofür E-Learning am besten geeignet ist. In Form von Multiple Choice wurden die in der einschlägigen Literatur genannten Themen als Antwortmöglichkeit angegeben. Laut Abbildung 26 sehen 23 der Unternehmen E-Learning vor allem dafür geeignet den Lernstoff vorzubereiten oder Informationen zu vermitteln. Auch die Sensibilisierung für ein Thema wird als ein für E-Learning geeignetes Thema angesehen. Das zeigt, dass E-Learning eher als Hilfsmittel zum Lernen gesehen wird als eine eigenständige Lernform. Die anderen Antwortmöglichkeiten schneiden insgesamt eher schwach ab und scheinen eine untergeordnete Rolle zu spielen. Vor allem die Antwortmöglichkeit „Entwickeln eines persönlichen Lernverhaltens" schneidet sehr schlecht ab. Dies hängt wahrscheinlich damit zusammen, dass die meisten Lernenden keine Selbstlernkompetenz besitzen und dies nicht selbstständig entwickeln können.

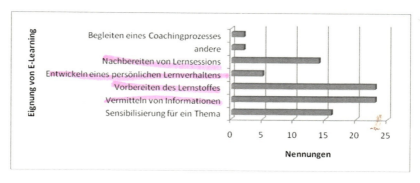

Abbildung 26. Eignung von E-Learning

66

Frage 12: Inhalte die (komplett) durch E-Learning abgedeckt werden

Mit dieser Frage wurde ermittelt, welche Inhalte durch E-Learning abgedeckt werden können. Da allerdings neun der 28 befragten Unternehmen keine Angabe zu dieser Frage machten, muss angenommen werden, dass es nicht so einfach ist diese Frage zu beantworten, bzw. sie nicht eindeutig beantwortet werden kann. Zum Themenbereich IT und PC Office gibt es je sechs ähnliche Antworten, so dass sich zusammenfassend sagen lässt, dass insbesondere der IT Bereich durch E-Learning abgedeckt wird. Eine mögliche Ursache hierfür könnte sein, dass E-Learning die Lernform „learning by doing" am PC sehr gut ermöglicht.

Weitere Inhalte, die ebenfalls mehrmals genannt werden sind Fremdsprachen und firmeninterne Kenntnisse. So lassen sich zum Beispiel per Computer sehr gut Vokabeln abfragen und die Aussprache üben.

Frage 13: Für welche Inhalte kommt E-Learning nicht in Frage?

Es liegt auf der Hand, dass nicht alle Lerninhalte gleichermaßen für E-Learning geeignet sind. Wie dies in der Praxis nun genau aussieht, sollte mit dieser Frage näher ermittelt werden. Ein Viertel aller Teilnehmer macht hierzu keine Angaben (Vgl. Abbildung 27). Dennoch ergibt die Auswertung ein eindeutiges Ergebnis. Knapp die Hälfte erklärt, dass das große Thema Soft Skills nicht für den Einsatz von E-Learning geeignet ist. Dabei werden vor allem Inhalte wie Verhaltenstraining, Führungstraining und Kommunikationstraining genannt. Interessant ist, dass an anderer Stelle in dieser Studie von einigen Unternehmen genannt wird, dass sie in Zukunft E-Learning für Soft Skills einsetzen möchten. Sechs Unternehmen vertreten eine globalere Sicht, was den Einsatz von E-Learning betrifft. So können ihrer Meinung nach E-Learningsysteme für jede Art von Lerninhalt eingesetzt werden. Es würde letzten Endes auf die Gesamtmaßnahme ankommen, in der auch E-Learning ein Baustein in Kombination mit Praxisphasen sein kann, so dass man nicht sagen kann, dass E-Learning für ein bestimmtes Thema nicht geeignet ist. Abschließend ist festzustellen, dass diese Frage nicht endgültig geklärt werden kann. Man muss annehmen, dass in Kombination mit Praxisphasen (Blended Learning) E-Learning für alle Inhalte geeignet zu sein scheint.

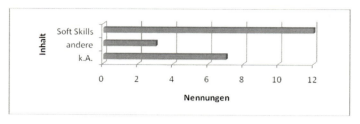

Abbildung 27. Ungeeignete Inhalte für E-Learning

Frage 14 Zielgruppen für E-Learning

Die nächste Frage beschäftigte sich mit dem Thema, welche Zielgruppen in den Unternehmen mit E-Learning angesprochen werden. Die Abbildung 28 zeigt, dass vor allem Außendienstmitarbeiter, Techniker, Sachbearbeiter und Auszubildende Zielgruppen für E-Learning sind. Die Antworten liegen zwischen 22 und 28 Nennungen. Bei Außendienstmitarbeitern ist dies relativ leicht zu erklären, da sie sehr oft unterwegs und selten im Unternehmen sind. Daher ist E-Learning geradezu ideal für diese Mitarbeitergruppe. Auch der Einsatz bei Auszubildenden ist nachvollziehbar, da man annehmen kann, dass junge Menschen grundsätzlich den neuen Medien offener gegenüber stehen und ihnen das Lernen damit leichter fällt. Auch ermöglicht E-Learning Auszubildenden die Möglichkeit an Fortbildungs-/Weiterbildungskursen teilzunehmen, die sie sonst nicht hätten belegen dürfen, z.B. aus Kostengründen. Die wenigsten Nennungen fallen auf Endkunden, das Top Management und Gewerbliche Mitarbeiter. Möglicher Grund hierfür könnte bei letzteren sein, dass viele Gewerbliche Mitarbeiter über keinen eigenen Computerarbeitsplatz verfügen. Sofern das Unternehmen keine eigenen Lernräume zur Verfügung stellen kann, haben sie nur schlechte Voraussetzung an E-Learning teilzunehmen. Oftmals fehlt es ihnen auch an dem nötigen Wissen und der Selbstlernkompetenz oder die eher praktisch orientierten Lerninhalte lassen sich nur schwer in E-Learning umsetzen. Auch für das Top Management scheint E-Learning keine übergeordnete Rolle einnehmen zu können, vermutlich, weil in dieser Unternehmensebene vor allem individuelle Coachingprozesse eine Rolle spielen.

Die Ergebnisse einer Studie (Reiser 2006), die in einem IT Unternehmen, welches ebenfalls an dieser Studie teilnahm, durchgeführt wurde, kommt zum Ergebnis, dass um so höher die Berufsfunktion ist, desto eher wird an E-Learning teilgenommen. Dies entspricht nicht komplett den Ergebnissen dieser Studie, da diese zum Ergebnis kommt, dass E-

Learning vor allem von Auszubildenden, Fachkräften bis hin zum mittleren Management genutzt wird. Gerade das Top-Management schneidet eher schlecht ab. Abschließend lässt sich sagen, dass E-Learning insgesamt das breite Spektrum des Mittelfeldes abdeckt.

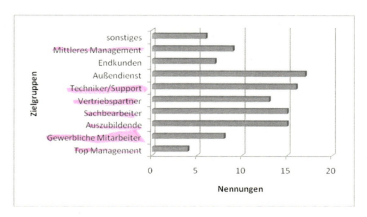

Abbildung 28. Zielgruppen

Frage 15: Sind die Unternehmen mit der Abdeckung (in Bezug auf die Zielgruppen) *nicht* *zufrieden?*

Diese Frage nimmt Bezug zur vorherigen Frage 14 bezüglich der E-Learning Zielgruppen. Ziel war es herauszufinden, ob die Unternehmen mit den zuvor angegebenen Antworten zufrieden sind. Die Auswertung ergibt, dass 12 von 28 Unternehmen mit der Abdeckung ihrer E-Learningnutzer zufrieden sind. Allerdings ist auch ein recht hoher Anteil der Personalentwicklungsverantwortlichen nicht zufrieden. Hier wäre es sinnvoll weiter zu recherchieren, welche Gründe es gibt, dass die Abdeckung nicht ihren Erwartungen entspricht und was bisher dagegen getan wurde. (siehe Abbildung 29)

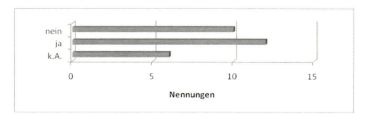

Abbildung 29. Abdeckung

Frage 16: In welchen Unternehmensbereichen wird E-Learning am meisten genutzt?

Die Auswertung der Antworten ergibt kein klares Ergebnis. Insgesamt lässt sich jedoch aus den Antworten schließen, dass E-Learning a) hauptsächlich in kaufmännischen Bereichen eingesetzt wird, b) eher von Mitarbeitern als von Managern und c) oft im Bereich Produktmanagement Einsatz findet. Ein verstärkter Einsatz in bestimmten Abteilungen liegt nur in wenigen Unternehmen vor. So war es durchaus der Fall, dass E-Learning nur im eigenen Product Training Center Anwendung findet (ausgegliedert aus der Personalentwicklung) oder nur für Mitarbeiter außerhalb der Unternehmenszentrale, wie es bei einem Autobauer der Fall ist, im Einsatz ist. Hier wird E-Learning für die Betreiber der bundesweiten Autohäuser genutzt.

Frage 17: E-Learning als Alternative zu Präsenztrainings?

Die Abbildung 30 zeigt, dass 11 Unternehmen E-Learning als Alternative zu Präsenztrainings akzeptieren. Etwas mehr (14 Nennungen) lehnen E-Learning als Alternative ab. Dieses Ergebnis zeigt damit, dass E-Learning noch lange nicht eine gleichberechtigte Stellung mit Präsenzseminaren einnimmt und somit keine wirkliche Alternative für die meisten Unternehmen darstellt.

Die Gründe hierfür entsprechen mit großer Wahrscheinlichkeit den üblichen Nachteilen, die mit E-Learning in Verbindung gebracht werden (siehe Kapitel 4). So ist es so gut wie ausgeschlossen Produktschulungen komplett durch E-Learning zu ersetzen, da es bei solchen Trainings essentiell ist auch „mal das Gerät selbst aufzuschrauben" oder „in der Hand gehabt zu haben", wie einige der befragten Personalentwickler erklärten.

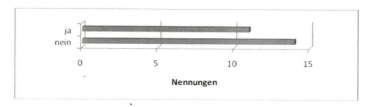

Abbildung 30. E-Learning als Alternative zu Präsenztrainings

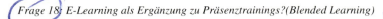

Frage 18: E-Learning als Ergänzung zu Präsenztrainings?(Blended Learning)

Als Erweiterung der vorherigen Frage ging es hier um E-Learning als Ergänzung zu Präsenztrainings. Man kann an dieser Stelle auch schon von Blended Learning sprechen. Das Ergebnis dieser Frage fällt sehr eindeutig aus, da 27 von 28 Befragten sich für E-Learning als Ergänzung aussprechen. Ein Unternehmen lässt diese Frage unbeantwortet. Insgesamt lässt sich daher sagen, dass E-Learning als Ergänzung zu Präsenztrainings auf jeden Fall seitens der Verantwortlichen akzeptiert ist und somit Blended Learning die zukunftsträchtigere E-Learningform zu sein scheint.

Frage 19: E-Learning Lernorte

Zu der Frage welche Erfahrung Personalentwicklungsverantwortliche mit E-Learning gemacht haben, gehört auch die Fragestellung, wo es sich mit E-Learning am besten lernen lässt. Die Studie ergibt folgendes Ergebnis wie in Abbildung 31 dargestellt. Die Antwortmöglichkeiten wurden per Multiple Choice vorgegeben. Am häufigsten wird „zu Hause" als bester Lernort für E-Learning genannt, gefolgt von Lernräumen in Unternehmen. Am schlechtesten schneidet bei dieser Frage der Lernort bei „externen Schulungsanbietern" ab. Einige der Teilnehmer begründen dies damit, dass wenn die Mitarbeiter bei externen Anbietern lernen, es vom Aufwand her, normalen Präsenztrainings ähnelt und damit die Vorteile des E-Learning (z.B. Reisezeit) verloren gehen. Ob man zu Hause tatsächlich am Besten lernen kann, bleibt jedoch offen, da hier auch die private Situation einen Einfluss hat. Personen mit kleinen Kindern werden z.B. zu Hause weniger Ruhe zum Lernen finden als kinderlose Personen. Außerdem muss sicher gestellt sein, dass zu Hause die benötigte Hard- und Software zur Verfügung steht, sowie ggf. eine Verbindung zum Unternehmensserver besteht um die Programme oder das Lernmaterial downloaden zu können, sowie eine sichere Verbindung gewährleistet ist. Der typische Lernort für E-Learning, nämlich der Arbeitsplatz, wird nur von wenigen als geeignet gesehen, dennoch gibt es in vielen Fällen keine Alternativangebote, so dass letztendlich die meisten Mitarbeiter am Arbeitsplatz lernen müssen.

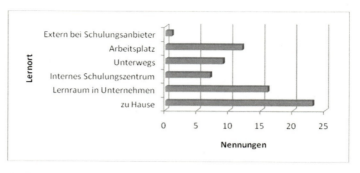

Abbildung 31. Lernort

Frage 20: E-Learning während der Arbeitszeit oder Freizeit?

Mit dieser Frage wurde erfasst, wann die Mitarbeiter im jeweiligen Unternehmen E-Learning nutzen. Dabei war es bei dieser Multiple Choice Frage erlaubt auch beide Antwortmöglichkeiten anzukreuzen, sofern im Unternehmen das Lernen sowohl in der Freizeit als auch in der Arbeitszeit erfolgt. Eine eindeutige Mehrheit spricht sich für das Lernen mit E-Learning während der Arbeitszeit aus (vgl. Abbildung 32). Einige Unternehmen geben als Einschränkung an, dass dies nur für Trainings gilt, die für die Position und die Ausübung des Jobs relevant sind. Die Teilnahme an weiterführenden Trainings, die aus privatem Interesse angestrebt werden, müssen jedoch in den meisten Fällen in der Freizeit absolviert werden.

Ob nun während der Arbeitszeit oder Freizeit gelernt wird, ist üblicherweise allgemein im Rahmen von Weiterbildungsrichtlinien festgelegt, in den meisten Fällen sind jedoch die Regelungen für E-Learning und klassische Trainings ähnlich.

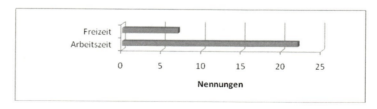

Abbildung 32. E-Learning: Arbeitszeit oder Freizeit?

Diese Frage hatte das Ziel festzustellen, ob in den befragten Unternehmen zusätzliche Regelungen, gleich welcher Art, zu E-Learning existieren. Ein Großteil der Unternehmen macht allerdings keine Angaben oder verneint diese Frage.

Sofern hierzu Angaben gemacht werden, beziehen sich diese darauf, dass es für die E-Learning Trainings z.B. ein spezielles Anmeldeverfahren gibt um für das entsprechende Training überhaupt zugelassen zu werden. Weitere Regelungen betreffen den Fall, ob während der Arbeitszeit oder privat gelernt werden soll.

Frage 22: Schulungsthemen für E-Learning

Als Gegenstück zu Frage 13, mit welcher festgestellt werden sollte für welche Schulungsthemen E-Learning nicht geeignet ist, beschäftigte sich diese Frage mit dem Thema, welche Schulungsthemen zur Zeit am häufigsten im E-Learningangebot Anwendung finden.

Am häufigsten kommt E-Learning bei Produktschulungen zum Einsatz (16 Nennungen). Als Begründung stellt sich im Gespräch mit den beteiligten Firmen heraus, dass E-Learning vor allem bei der Einführung neuer Produkte oder als allgemeiner Einstieg in die Produktthematik sehr geeignet ist, jedoch mit der Einschränkung, dass ab einem bestimmten „Wissens-Niveau" E-Learning nicht mehr ausreicht. Ähnliches gilt auch für Unternehmensthemen, die ähnlich gut bei der Befragung abschneiden.

Auch die Themen „Sprachen", „betriebswirtschaftliche Themen" und „Produktservice" schneiden mit je elf Nennungen sehr gut ab. Bei dem Schwerpunkt „Sprachen" lässt sich das Ergebnis damit erklären, dass anhand von computergestützten Lernprogrammen z.B. sehr gut Vokabeln gelernt werden können oder auch grammatische Übungen machbar sind. Betriebswirtschaftliche Themen sind möglicherweise deswegen gut geeignet, weil sie nicht unbedingt auf das eigene Unternehmen abgestimmt sein müssen und so keine unternehmensspezifische Lernsoftware kreiert werden muss, sondern auf externe Software zurückgegriffen werden kann, die sich dann letztlich als kostengünstiger herausstellen kann. Anders als die in Kapitel 5 vorgestellten Studienergebnisse schneidet das Erlernen von Office-Software mittels E-Learning weniger gut ab. Eventuell liegt dies daran, dass viele Office Anwendungen mittlerweile zum Standard gehören und daher viele Mitarbeiter bereits die Programme beherrschen und damit keine zusätzlichen Kenntnisse benötigen. Außerdem werden viele Programme möglicherweise sogar on-the-job erlernt.

Insgesamt fällt auf, dass viele der Antwortmöglichkeiten relativ oft genannt werden. Somit scheint E-Learning für die meisten Themenbereiche geeignet zu sein und findet auch dementsprechend häufig Anwendung. Eine Übersicht über alle Nennungen zeigt Abbildung 33.

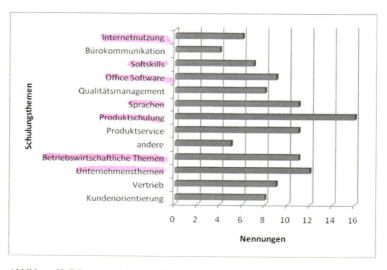

Abbildung 33. E-Learning Schulungsthemen

Frage 23: Für welches Thema ist welche E-Learningform besonders geeignet?

Ziel der Frage war es herauszufinden, ob für bestimmte E-Learningthemen bestimmte E-Learningformen besser in Frage kommen als andere. Leider lassen fast 70% der Befragten diese Frage unbeantwortet. Dennoch können immerhin neun der befragten Personen eine Antwort darauf geben, unter anderem mit dem Ergebnis, dass die E-Learningform nicht nur vom Thema abhängig ist, sondern auch von der Zielgruppe.

Andere sagen, dass keine Zuordnung möglich sei. Jedoch seien alle Formen, die asynchron verlaufen schlecht. Ideal ist Blended Learning in Kombination mit Download, Media und WBT.

Die Themen, die in diesem Zusammenhang genannt werden, sind Produktschulungen mittels WBT und Vertriebsthemen in Kombination aus Präsenzphasen mit CBT.

Außerdem sei eine enge Führung und Lernerfolgskontrolle bzw. ein Online-Tutor erforderlich. Des Weiteren werden Sprachen als geeignet betrachtet, die idealerweise mittels Blended Learning gelehrt werden.

Frage 24: Welche Schulungsthemen sollen zukünftig vermehrt ins E-Learning Angebot genommen werden?

Da es sich hierbei ebenfalls um eine Frage handelt, bei der keine Antwortauswahlmöglichkeiten gegeben wurden, mussten auch hier zunächst Antwortgruppen gebildet werden. Die meisten Unternehmen möchten ihr E-Learningangebot vor allem in den Bereichen Sprachen, Office/PC, Unternehmensthemen und Soft Skills erweitern. Eine Übersicht über alle Antworten ist in Abbildung 34 dargestellt. Am häufigsten werden „Unternehmensthemen" auf die Frage nach zukünftigen Schulungsthemen genannt. Dies scheint ein sehr wichtiges Thema zu sein, da es schon bei Frage 22 sehr häufig genannt wurde.

Bei dieser Frage fällt allerdings auf, dass insgesamt nicht sehr viele Antworten gegeben wurden. Mögliche Gründe könnten sein, dass die Unternehmen einerseits bereits sehr viel in E-Learning investiert haben und schon über ein komplettes E-Learning Angebot verfügen. Andererseits kann man auch annehmen, dass sie bisher keine guten Erfahrungen mit E-Learning gemacht haben und daher für sie kein Anreiz besteht ihr E-Learning Angebot zu erweitern.

Außerdem geben die Unternehmen noch folgende Themenschwerpunkte an (siehe auch Abbildung 34):

@ Informationen zu anderen Ländern (für die Internationale Zusammenarbeit)

@ Technischer Kundendienst

@ Informationen für gewerbliche Mitarbeiter

@ Produkte

@ Neuerungen (z.B. Gesetze und Regelugen)

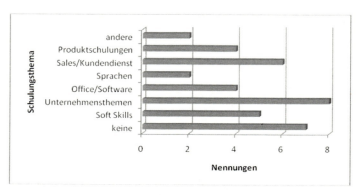

Abbildung 34. Geplante Schulungsthemen

Frage 25) Gründe für die Einführung von E-Learning

Nachdem die bisherigen Fragen hauptsächlich die E-Learningformen sowie dessen Schulungsinhalte behandelt haben, sollte als nächstes geklärt werden, weshalb sich die Unternehmen dazu entschlossen haben E-Learning als Teil ihres Weiterbildungsangebotes einzuführen. Die Antworten fallen sehr individuell aus. Dennoch lässt sich ein Pool an ähnlichen Antworten herauskristallisieren. Ungefähr elf der Teilnehmer führen die Einführung von E-Learning darauf zurück, dass ursprünglich aufgrund des geringeren Reiseaufwandes und der flexiblen Zeitgestaltung die Kosten für die Weiterbildung gesenkt werden sollten. Allerdings muss hier angemerkt werden, dass laut den Ergebnissen aus Frage 8 dieses Ziel in den meisten Unternehmen nicht erreicht werden konnte.

Weitere Gründe für die Einführung von E-Learning sind:

@ Steigerung der Qualität der Schulungen

@ damaliger Hype

@ Standardisierte Trainings für große Zielgruppen

@ Als Vorbereitung um gleiche Eingangsqualifikation bei Präsenztrainings zu erlangen.

@ Vor- und Nachbereitung bzw. Ergänzung von Präsenztrainings

@ Individuelle Lernmöglichkeiten

@ schnelle und bedarfsgerechte Reaktion auf Nachfrage

Frage 26: Wie ist E-Learning in die Weiterbildung integriert?

Die Antworten auf die Frage nach der Integration von E-Learning in die Weiterbildung fallen sehr unterschiedlich aus. Ein möglicher Grund könnte schon allein die offene Fragestellung sein. Dennoch wird in den Antworten ein Thema überdurchschnittlich oft genannt, nämlich E-Learning als Ergänzung zu Präsenztrainings, also Blended Learning. Dabei beschreiben über 20% der Befragten, dass E-Learning hauptsächlich, als zum Teil verpflichtende Vorbereitung, bzw. der Nachbereitung für die Präsenztrainings dient.

Ansonsten stellt E-Learning in den meisten Unternehmen einen Teil des Weiterbildungsprogramms dar, dessen Kurse im Intranet bzw. auf E-Learningplattformen angeboten werden und im Normalfall für jeden Mitarbeiter zur Verfügung stehen.

Frage 27: Hemmnisse für die Nutzung von E-Learning

Mit dieser Frage sollte festgestellt werden, welche Hemmnisse die problemlose Nutzung von E-Learning im Unternehmen einschränken. Das Ergebnis dieser Frage ist in Abbildung 35 dargestellt. Mit großer Mehrheit werden die Punkte fehlende Akzeptanz der Mitarbeiter sowie die mangelnde Fähigkeit zum selbstorganisierten Lernen genannt. Genauer betrachtet hängen diese beiden Punkte sogar stark miteinander zusammen, da die mangelnde Akzeptanz oftmals aus der mangelnden Fähigkeit für selbstorganisiertes Lernen hervorgeht.

Neben diesen beiden Gründen, wird der Wegfall der Social Effects als weiterer wesentlicher Hemmnisfaktor angegeben, da die Lernenden den Kontakt zu anderen Lernenden und zum Tutor vermissen. Diese Problematik wurde im theoretischen Teil dieser Arbeit bereits angesprochen. Auch die „schwierige Einbindung in den Arbeitsablauf„ wird überdurchschnittlich oft genannt. Mögliche Gründe dafür wurden ebenfalls im theoretischen Teil dieser Arbeit erörtert, so wird z.B. in vielen Unternehmen kein zeitlicher und örtlicher Freiraum zum Lernen eingeräumt.

Laut dem Ergebnis dieser Studie scheinen technische Faktoren kein Grund für Hemmnisse für die Nutzung von E-Learning zu sein.

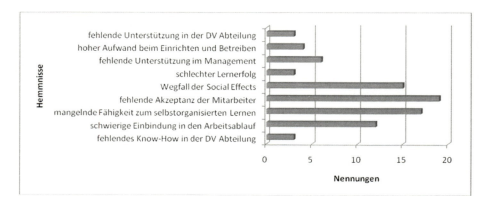

Abbildung 35. Hemmnisse zur Nutzung von E-Learning

Frage 28: Vorteile durch E-Learning

Die befragten Unternehmen sehen die Vorteile von E-Learning in der Zeitersparnis, zum Beispiel durch reduzierte Reisezeit und in der erhöhten Verfügbarkeit (Abbildung 36). Bis auf den Punkt „Erhöhte Lernqualität" werden alle angegebenen Antwortmöglichkeiten relativ häufig genannt. Interessant ist das Ergebnis zur Antwortmöglichkeit „Kostenersparnis". Viele Unternehmen hatten zu Anfang des Fragebogens angegeben, dass sie durch E-Learning ihre Weiterbildungskosten nicht senken konnten. Bei dieser Frage jedoch sehen ein großer Teil der Befragten E-Learning ganz klar als Möglichkeit zum Sparen. Aufgrund dieses Widerspruchs stellt sich an dieser Stelle die Frage, ob die Unternehmen nicht in der Lage sind diesen Vorteil auszuschöpfen oder ob die Unternehmen sich überhaupt ernsthaft mit den Möglichkeiten von E-Learning auseinander gesetzt haben um Vorteile daraus zu ziehen.

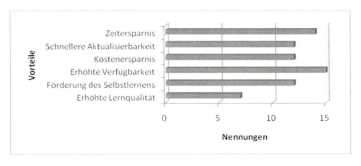

Abbildung 36. Vorteile durch E-Learning

Frage 29: Probleme bei der Einführung von E-Learning

Bei der Frage nach Problemen, denen sich die Unternehmen bei der Einführung von E-Learning ausgesetzt sehen, zeichnet sich ein deutliches Ergebnis ab. Über die Hälfte hat unter anderem mit mangelnder Mitarbeiterakzeptanz zu kämpfen. Mögliche Ursachen für dieses spezielle Problem werden bei Frage 30 erörtert. Auch die Kosten der Einführung von E-Learning werden von vielen Firmen als ein anfängliches Problem genannt. Dagegen scheint die IT-Ausstattung, entgegen den Aussagen in der E-Learning Literatur, nur selten Probleme zu bereiten. Ein Zeichen dafür, dass die Unternehmen scheinbar über eine sehr gute IT Ausstattung verfügen. Das genaue Ergebnis dieser Frage ist in Abbildung 37 abgebildet.

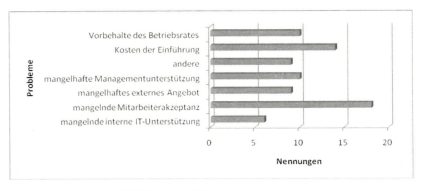

Abbildung 37. Probleme bei Einführung von E-Learning

Frage 30: Gründe für mangelnde Mitarbeiterakzeptanz?

Nachdem in der vorherigen Frage nach den Problemen bei der Einführung von E-Learning gefragt wurde, beschäftigte sich diese Frage mit dem speziellen Problem der Mitarbeiterakzeptanz. Ziel war es herauszufinden, welche Gründe für mangelnde Mitarbeiterakzeptanz in den befragten Unternehmen eine große Rolle spielen.

Da diese Frage offen gestellt wurde, ergaben sich sehr unterschiedliche Antworten. Diese mussten zunächst in verschiedene Cluster aufgeteilt werden. Insgesamt können vier wesentliche Gruppen gebildet werden, nämlich a) die Unternehmen, die keine nennenswerten Probleme mit E-Learning bzw. der Mitarbeiterakzeptanz haben, b) solche, die die Probleme in der mangelnden Kommunikation sehen, c) die arbeitsplatzbezogene Gründe sehen und d) solche die, die Ursache beim Mitarbeiter suchen. Die einzelnen Ergebnisse können in Abbildung 38 verglichen werden.

Die Auswertung der Fragebögen kommt zum Ergebnis, dass die meisten Gründe für mangelnde Mitarbeiterakzeptanz beim Mitarbeiter selbst liegen. So sind z.B. die Lernenden älter und kommen nicht mit den neuen Technologien zurecht oder wollen nicht mit ihnen zurechtkommen. Anderen fehlt es insgesamt an Selbstlernkompetenz. Seitens eines Unternehmens wird grundsätzlich in Frage gestellt, ob E-Learning überhaupt die richtige Lernform für Erwachsene sei. Auch bedeutet das Lernen mit E-Learning eine Art Veränderungsprozess. Solche Veränderungsprozesse lösen bei vielen Mitarbeitern eine Abwehrhaltung aus, da sie Angst vor Veränderungen haben und damit E-Learning als neue Lernform nicht akzeptieren. Aber auch arbeitsplatzbezogene Gründe werden häufig genannt. Demnach sind viele Arbeitsplätze nicht zum Lernen geeignet, da es dort zu laut ist oder der Lernende ständig durch Kollegen, Kunden und Vorgesetzte gestört wird. Des Weiteren fehlt auch oft die Zeit zum Lernen. Auch die Akzeptanz seitens der Kollegen, aber vor allem seitens der Führungskräfte fehlt, da sie ihren Mitarbeitern einerseits nicht die Zeit zum Lernen geben, aber andererseits, auch nicht für E-Learning „werben" und dem Mitarbeiter diese Lernmethode näher bringen.

Überraschenderweise werden Gründe, die im Zusammenhang mit mangelnder Kommunikation und Sozialkontakt stehen nur wenig genannt, obwohl diese ein in der Literatur häufig genannter Kritikpunkt des E-Learning sind. Eine mögliche Erklärung könnte sein, dass hier nicht die Mehrheit der Lernenden selbst befragt wurde, sondern die Mitarbeiter der Personalentwicklung selbst. Es ist Möglich, dass diese eine andere

Sichtweise haben, als die Mitarbeiter selbst. Nur zwei aller befragten Unternehmen behaupten, dass sie keine Probleme bezüglich der Mitarbeiterakzeptanz haben.

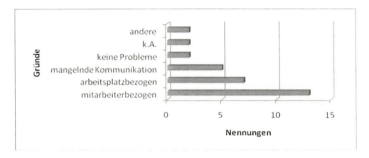

Abbildung 38. Gründe für mangelnde Mitarbeiterakzeptanz

Frage 31: Was haben die jeweiligen Unternehmen gegen die mangelnde Mitarbeiterakzeptanz getan?

Auch auf diese offen gestellte Frage gibt es sehr unterschiedliche Antworten. Nach akribischer Untersuchung der einzelnen Aussagen konnte sich ein großes Cluster herauskristallisieren, nämlich zum Themenkreis interne Kommunikation und Marketing, ca. 48% der Antworten beziehen sich darauf.

Fast 20% nennen „andere Maßnahmen" zur Verbesserung der Mitarbeiterakzeptanz. Diese beziehen sich auf konkrete Projekte, die sie im Unternehmen zu E-Learning durchführen. So gibt es z.B. ein Projekt, das das Ziel hatte die Selbstlernkompetenz zu fördern und damit auch die Akzeptanz und Nutzung von E-Learning. Andere nennen das Bereitstellen von Informationen, Beispielen und Testzugängen für E-Learningprogramme oder die direkte Ansprache der Mitarbeiter durch Werbeprojekte, Werbeaktionen und das Zugehen auf die Mitarbeiter selbst.

Interessant ist auch der Fall, dass zwei Unternehmen angeben, dass sie sich bisher noch nicht intern für E-Learning stark gemacht haben, weil sie noch von keinem Produkt überzeugt seien. Ein weiteres Argument ist Zeitmangel. Insgesamt sind es ca. 18% der Unternehmen, die noch nichts gegen mangelnde Mitarbeiterakzeptanz bezüglich E-Learning gemacht haben. Das Ergebnis ist in Abbildung 39 dargestellt.

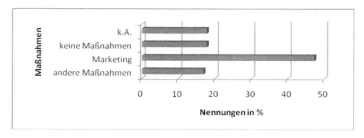

Abbildung 39. Maßnahmen zur Mitarbeiterakzeptanz

Frage 32: Chancen durch den Einsatz von E-Learning

Schwerpunkt dieser Frage war es festzustellen, welche Chancen sich die Unternehmen durch E-Learning in der betrieblichen Weiterbildung erhoffen. Die Umfrage ergibt bei den 28 Unternehmen, die den Fragebogen beantwortet haben, dass 23 sich durch E-Learning flexibles Lernen erhoffen. Auch die Einsparung von Reisezeit ist ein sehr wichtiger Punkt der von 19 der Befragten genannt wird. Dies sind auch die typischen Vorteile, die laut Literatur, von E-Learning ausgehen (siehe Kapitel 4). Am schlechtesten schneidet bei dieser Frage der Punkt „höhere Motivation" ab. Dies kann dadurch erklärt werden, dass in der Realität ein ganz anderer Fall vorliegt, nämlich dass die Lernenden sich nur schwer zum eigenständigen Lernen motivieren lassen und oftmals die Akzeptanz für E-Learning fehlt. Die restlichen Nennungen, wie Schnelligkeit oder besserer Lernerfolg werden je von gut einem Drittel der Unternehmen als Chance genannt (siehe Abbildung 40).

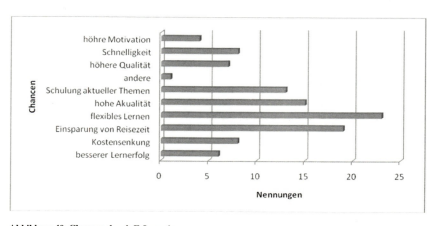

Abbildung 40. Chancen durch E-Learning

Nachdem im theoretischen Teil dieser Arbeit bereits auf die in der Literatur beschriebenen Erfolgsfaktoren bzw. auf wichtige Rahmenbedingungen zu E-Learning eingegangen wurde, ging es bei dieser Frage darum festzustellen, welche Erfolgsfaktoren in der Praxis Bedeutung haben.

Bei der Auswertung dieser Frage, die offen gestellt wurde, stellt sich sehr schnell heraus, dass die gegebenen Antworten sehr individuell sind und sich nur schwer zu Clustern zusammenfassen lassen.

Etwa ein Drittel aller Antworten hat Bezug zur Qualität der E-Learningprogramme. Einige Unternehmensvertreter sehen eine hohe Interaktivität als wichtigen Erfolgsfaktor. Andere sehen eher die einfache Handhabung als wichtig an. Als weiterer Erfolgsfaktor wird genannt, dass die Programme möglichst wenige Systemfehler haben dürfen, da dies die Motivation negativ beeinflusst. Weitere Punkte bezüglich der E-Learningqualität sind eine ansprechende Gestaltung, aber gleichzeitig keine Überladung der Benutzeroberfläche durch „Gimmicks". Auch auf Ton kann nach Meinung eines Unternehmens sogar verzichtet werden. Ein weiterer wichtiger Erfolgsfaktor, bezogen auf die Qualität, ist natürlich der Inhalt des Angebots.

Weitere Erfolgsfaktoren sind unter anderem die Akzeptanz und Support durch das Management. Auch die Begleitung durch Tutoren wird als ein weiterer Erfolgsfaktor erwähnt. Interessant ist auch die Antwort, die jeder fünfter Teilnehmer nennt, nämlich der Kostenfaktor. Dabei stellen die Kosten für E-Learning ebenfalls einen Erfolgsfaktor dar, sofern diese möglichst gering bleiben und E-Learning, im Vergleich zu Präsenztrainings, als kostensparende Lernvariante angesehen wird. Auch an dieser Stelle soll noch einmal an die zu Anfang gestellte Frage zu den E-Learningkosten erinnert werden. Dort hieß es, dass die Kosten größtenteils nicht gesenkt werden konnten und dies zum Teil gar nicht das Ziel sei.

Auch die Präsenztrainings selbst werden als Erfolgsfaktor für E-Learning aufgezählt, nämlich dann, wenn sie mit E-Learning kombiniert werden.

Frage 34: Maßnahmen zur Verbesserung der Akzeptanz für E-Learning

Auf die Frage durch welche Maßnahmen die Akzeptanz für E-Learning verbessert werden kann, geben ca. 21% der befragten Firmen keine Antwort. Genauso so viele geben an, dass die Führungskräfte bzw. das Management ein wichtiger Erfolgsfaktor sind. Demnach sollten die Führungskräfte die Lernkultur mittragen und befürworten. Auch im Vorstand sollten Fürsprecher zu finden sein. Zu den Aufgaben des Managements gehören in diesem Fall auch die Bereitstellung passender Lernräume bzw. Lernmedien, sowie der generelle Hinweis auf E-Learningalternativen. Weiterhin muss E-Learning in die Weiterbildungsstrategie eingebunden werden. Weitere 32% betonen die Wichtigkeit von internem Marketing. Dieses könnten z.B. interne Messen oder Informationsveranstaltungen sein, die allerdings nicht einmalig, sondern immer wieder wiederholt werden sollten. 26% der Befragten nennen andere mögliche Erfolgsfaktoren, wie zum Beispiel die Qualität der Produkte. E-Learning Programme müssten ihrer Meinung nach hoch-professionell sein, damit sich E-Learning erfolgreich im Unternehmen positionieren kann. Weitere Erfolgsfaktoren, die genannt werden, sind eine einfache Anwendung der Programme bzw. generell die technischen Aspekte, sowie die Visualisierung des Lernerfolgs. Des Weiteren wird von den Befragten noch genannt, dass E-Learning dann erfolgreich ist, wenn es individuell auf die User angepasst ist. Idealerweise stehen den Anwendern auch Lernplattformen zur Verfügung.

Frage 35 Zukunft von E-Learning im Unternehmen

Circa 71% der befragten Unternehmen sehen die Zukunft für E-Learning positiv. Diese Unternehmen konnten entweder ihr E-Learning Angebot bereits erfolgreich implementieren oder sie planen den weiteren Ausbau aus Kostengründen. Ein weiterer Grund ist die fortschreitende Internationalität, die vernetztes Lernen erforderlich macht. E-Learning kann dann länderübergreifend eingesetzt werden, z.B. in Form von Virtual Classrooms. Außerdem geben viele Unternehmen an, dass viel mehr neue E-Learningmöglichkeiten, wie Wiki, Webblog, Content Management/Wissensmanagement, Austausch über E-Medien oder informelles Lernen hinzu kommen werden. Etwa die Hälfte der Unternehmen, die die Zukunft im E-Learning sehen, geben an, dass die E-Learningaufbereitung auf Blended Learning hinaus laufen wird, bzw. sogar die Kombination mit Präsenztrainings erforderlich macht. Ungefähr 18% der Befragten äußern sich negativ über die Zukunft von E-Learning. Unter Berücksichtigung des kompletten Fragebogens lässt sich feststellen, dass dies vor allem die Unternehmen sind, die bisher weniger gute Erfahrungen mit E-Learning gemacht haben und somit ihr E-Learning Angebot abschaffen oder auf maximal 20% des Weiterbildungsangebotes beschränken wollen. Wobei in diesem Fall E-Learning auch nur in Form von Blended Learning angeboten wird. Zu der Frage nach der Zukunft machen ca. 11% der Unternehmen keine Angaben.

10.3. Diskussion

Welche Erkenntnisse lassen sich nach der Auswertung aus der Studie ziehen?

Es hat sich gezeigt, dass ein Großteil der Unternehmen sich intern noch nicht stark mit dem eigenen E-Learningangebot auseinander gesetzt hat, bzw. E-Learning dort eine scheinbar untergeordnete Rolle spielt. Dafür gibt es verschiedene Anhaltspunkte, wie zum Beispiel fehlende Ansprechpartner in den Unternehmen. In vielen Fällen war E-Learning "irgendwo" in die Weiterbildung integriert, also ohne eigene Abteilung oder klare Zuordnung innerhalb der Hierarchien. Auch gab es kaum interne Studien zu E-Learning in den Unternehmen, obwohl bei der Mehrheit der Unternehmen die Einführung von E-Learning zwischen 2 und 6 Jahren her liegt. Ein Zeichen dafür, dass keine intensive Auseinandersetzung mit dem eigenen E-Learningangebot stattgefunden hat. Einen weiteren Anhaltspunkt stellen die finanziellen Mittel, sowie das E-Learningangebot dar. Im Schnitt liegt der Anteil an E-Learning im Gesamtweiterbildungsangebot bei unter 10%. Darüber hinaus fällt nach Auswertung der Studie auf, dass die theoretischen Ideen und Vorschläge aus der Literatur in der Praxis nur wenig Anwendung finden. Das zeigt sich zum Beispiel bei den Kommunikationsformen (siehe Kapitel 3). In der Praxis werden hauptsächlich nur E-Mail und Foren genutzt. Alle anderen Formen bleiben von geringer Bedeutung. Es bleibt offen, ob die Unternehmen aus besonderen Gründen diese Möglichkeiten nicht anbieten können oder wollen, oder ob die Lerner einfach noch nicht soweit sind diese Medien sinnvoll zu ihrem Vorteil zu nutzen, bzw. diese nicht als Lernmedium anerkennen.

Im Weiteren bestätigt die Studie den Prozess, dass E-Learning immer mehr zu Blended Learning wird. Dies wird durch eine große Mehrheit der Teilnehmer bestätigt.

Ein interessanter Sachverhalt ergibt sich als weiteres aus dem Lernort. Die Mehrheit der Befragten vertrat die Meinung, dass zu Hause am Besten mit E-Learning gelernt werden kann, sprachen sich aber auch gleichzeitig für das Lernen während der Arbeitszeit aus. Es bleibt offen, wie die Unternehmen versuchen werden diese beiden Faktoren in Einklang zu bringen, da Home Office in Deutschland nur wenig verbreitet ist und oft nicht vom mittleren Management befürwortet wird.

Auch scheint es ansatzweise, als würden die Unternehmensverantwortlichen den Mitarbeitern die Schuld für die mangelnde E-Learning Akzeptanz geben wollen. So zeigten die Personalentwicklungsverantwortlichen auf, dass die Akzeptanzprobleme hauptsächlich mitarbeiterorientiert seien (z.b. fehlende Motivation, fehlende Selbstlernkompetenz, fehlende IT-Kompetenz, etc.). An dieser Stelle muss kritisch hinterfragt werden, ob die Akzeptanzhemmnisse nicht auch arbeitsplatzorientiert sein können (z.b. fehlende Managementunterstützung, keine geeigneten Lernplätze, etc.), die dann dazu führen, dass die Mitarbeiter unmotiviert sind.

Auch deutet die schwache Teilnahme bei Frage 23 darauf hin, dass in vielen Fällen die Verantwortlichen für E-Learning sich noch nicht sehr intensiv mit E-Learning beschäftigt haben. Scheinbar waren die Unternehmen nicht in der Lage ihre bisherigen Erfahrungen mit E-Learning zu analysieren um daraus ein zielgerichtetes Lernangebot zu schaffen.

Ein weiterer Hinweis dafür, dass E-Learning in den meisten Fällen noch keine große Bedeutung hat, zeigt die Auswertung der Frage 10. Viele der Unternehmen nutzen nur E-Mail als Kommunikationsmittel zwischen Lernenden und Tutor. Synchrone Kommunikationsformen spielen nur eine untergeordnete Rolle. Dies ist ein Zeichen, dass E-Learning mit seinen unterschiedlichen Ausprägungen noch nicht überall akzeptiert ist.

Zusammenfassend kann an dieser Stelle gesagt werden, dass in den Unternehmen zwar schon reichliche Erfahrungen mit E-Learning vorliegen, diese aber noch nicht gut genug seitens der Unternehmen ausgewertet werden. Ein Zeichen dafür, dass E-Learning zwar angeboten wird, aber in vielen Fällen keine Priorität hat.

11. Abschluss

Mit Abschluss der empirischen Studie wird dieses Kapitel die Inhalte dieser Arbeit kurz rekapitulieren und anschließend einen kurzen Ausblick auf die Zukunft des Lernens mit neuen Medien werfen.

11.1. Zusammenfassung

Die ersten Kapitel dieser Arbeit haben sich mit der Theorie von E-Learning beschäftigt. Zum einen wurde eine kurze Einführung in die verschiedenen Kommunikationsformen gegeben und zwischen den beiden Ausprägungen synchrone Kommunikation und asynchrone Kommunikation unterschieden. Zum anderen wurde ein aktueller Überblick über die verschiedenen E-Learningformen, wie sie in der einschlägigen Literatur zu finden sind, gegeben. Zum Teil wurden die einzelnen Unterformen weiter untergliedert. Auch auf die Vor- und Nachteile, sowie auf die Grenzen des E-Learning wurde näher eingegangen. Insgesamt wurde deutlich, dass in der Definition von E-Learning Unterschiede liegen. Des Weiteren wurde der Wirkungskreis in dem E-Learning zum Einsatz kommt näher beschrieben und theoretisch erörtert. In diesem Fall ging es um die betriebliche Weiterbildung. In diesem Zusammenhang fand auch die Einbeziehung aktueller Studien zur Thematik statt. Um einen tatsächlichen Überblick über die Verbreitung und die Erfahrungen, die bereits mit E-Learning vorliegen zu erhalten, wurden einige Ergebnisse empirischer Studien miteinbezogen. Diese haben auch zur Vorbereitung und Vergleichsmöglichkeit mit der eigenen Studie, im Rahmen dieser Arbeit, gedient.

Die eigene Studie umfasste mehrere Fragen, die die Erfahrungen der Personalverantwortlichen mit E-Learning hinterfragten. Einige der Ergebnisse belegen die Erfahrungen, die bereits aus den zuvor vorgestellten Studien sichtbar wurden. Andere Ergebnisse zeigten deutliche Unterschiede. Vor allem wurde durch die Studie festgestellt, dass E-Learning zu großen Teilen immer noch ein Schattendasein führt und sich die Personalentwicklungsverantwortlichen nicht ausgiebig genug damit beschäftigen. Insgesamt erwartet E-Learning eine Zukunft in den Unternehmen jedoch in Form von Blended Learning. „Reines E-Learning" wird sich kaum durchsetzen können.

Ein nachträglich zu erwähnender kritischer Punkt in Bezug auf die Befragung ist, dass im Prinzip nur Unternehmen teilgenommen haben, die (noch) E-Learning im Weiterbildungsangebot haben und auch größtenteils nur positive Erfahrungen damit gemacht haben, so dass Unternehmen, die sehr schlechte Erfahrungen gemacht haben, kaum vertreten sind.

Trotz des vielseitigen Aufbaus dieser Arbeit, konnte der theoretische Teil sowie die Studie keine Antworten auf alle Themen, die mit E-Learning in Zusammenhang stehen geben, da der Umfang zu groß wäre. Hier ergeben sich Anknüpfpunkte für weitere Ausarbeitungen zu Themen, wie zum Beispiel pädagogische Aspekte, die Qualität von E-Learning Programmen, Implementierungskonzepte in Unternehmen, E-Learning Kosten und die Umsetzung von Maßnahmen zur Akzeptanzsicherung, sowie die Eindrücke der Lernenden selbst. Auch einige Fragen und Antworten der Studie verlangen eine weitere fundierte Untersuchung. Insgesamt wurde jedoch das Bewusstsein geschaffen, dass E-Learning mehr ist, als nur das Lernen mit dem Computer, sondern viele Faktoren eine Rolle spielen und vor allem die pädagogischen und psychologischen Aspekte der Lernenden eine besondere Hervorhebung verdienen.

11.2. Ausblick

Obwohl viele Unternehmen mit Aufkommen des E-Learning Hype zunächst auch negative Erfahrungen gemacht haben, ist E-Learning in vielen Unternehmen nicht mehr aus dem Weiterbildungsprogramm wegzudenken. Die Unternehmen und E-Learninganbieter haben aus ihren Fehlern gelernt und neue, pädagogisch sinnvolle Lernkonzepte entwickelt, mit dem Ergebnis, dass aus E-Learning, Blended Learning wurde. E-Learning wird nun nicht mehr als Ersatz sondern als Ergänzung für Präsenzseminare und die Weiterbildung allgemein gesehen. Für die Zukunft kann auch angenommen werden, dass den Lernenden, z.B. im Rahmen von Lernplattformen frei steht, ob und welche E-Learningmedien sie im Rahmen von Präsenzveranstaltungen verwenden möchten. Insgesamt wird E-Learning voraussichtlich eher im Bereich der Vor- und Nachbereitung Einsatz finden, so dass weiterhin Präsenzseminare angeboten werden.

Ein weiterer Punkt, der sich wahrscheinlich positiv auf die Zukunft des E-Learning auswirken wird, sind die jüngeren Generationen, die quasi von Kind auf mit Computer und Multimedia aufgewachsen sind und dessen Anwendung, in allen Lebensbereichen, als normal empfinden. Man kann annehmen, dass E-Learning für sie somit keine große Umstellung beim Lernen darstellt, vor allem wenn man bedenkt, dass auch heute schon in Schulen und Universitäten mit E-Learning gearbeitet wird.

Solange sich die Informations- und Kommunikationstechnik, sowie die Computertechnologie weiter entwickeln, so wird auch E-Learning sich immer wieder Veränderung und Erneuerungen unterziehen.

Ein aktuelles Beispiel, dass bei BACK et al. als M-Learning[5] bezeichnet wird, stellt die Einführung des iPod und ähnlicher Geräte dar. Diese mobilen Multimedia-Kleingeräte, die ursprünglich für das Abspielen von Musikdateien und Videodateien im privaten Bereich gedacht waren, finden zunehmend auch in der universitären Lehre, aber auch in der betrieblichen Weiterbildung Anklang, z.B. in Form von Podcast Anwendungen.

So wurden in einem IT-Unternehmen, welches auch Teil dieser Studie war, im Rahmen einer Schulungsaktion iPods an Sales Außendienstmitarbeiter verteilt. Zuvor hatte man dort mehrere Schulungsvideos abgespeichert, die sich die Teilnehmer beliebig oft und jederzeit anschauen können. Fakultativ kann zu einem individuellen Termin an einer Abschlussprüfung teilgenommen werden, die online am PC erfolgt.

In wie weit sich dieses Beispiel in der Praxis durchsetzen wird, bleibt abzuwarten, es zeigt jedoch, dass es keinen Entwicklungs- und Ideenstillstand gibt um die Motivation der Lerner anzuregen und das Repertoire an Lernmedien zu erweitern.

Wie schon bei klassischen Lernformen, darf jedoch nicht vergessen werden, dass das beste Lernmedium keinen Erfolg bringt, wenn kein durchdachtes und auf den Anwender zugeschnittenes pädagogisches Konzept dahinter steckt. Das gilt auch für E-Learning.

---

[5] Mobile Learning ist eine besondere Form des E-Learning. Darunter versteht BACK das Lehren und Lernen mit den Mitteln der mobilen Telekommunikationstechnik bzw. als „Wireless Learning". (Vgl. Back, 2001, S. 260)

12. Literaturverzeichnis

Alami, Dr. M. (2006). Mit persönlichem Lern-Tutoring zum Erfolg. In S. Ludwigs, U. Timmler & M. Tilke (Hrsg.), Praxisbuch E-Learning (S. 36-37). Bielefeld: Bertelsmann Verlag.

Bursian, O. & Back, A. (2003). Managerial aspects of corporate e-Learning: insights from a study of four cases. Studies in Communications Sciences, Special Issue "New Media in Education", 1-22.

Back, A. & Bendel, O. (2001). E-Learning im Unternehmen. Zürich: orell füssli Verlag.

Bendel, O. (2002). Pädagogische Agenten im Corporate E-Learning. In Hrsg. R. Neumann & R. Nacke (Hrsg.), Corporate E-Learning (S. 102-105).Wiesbaden: Gabler.

Berner, W. (2001). Methoden der Veränderung.
http://www.umsetzungsberatung.de/methoden/methoden.php (Stand 5. März 2007)

Buschor, E. (2005). Möglichkeiten und Grenzen des E-Learning. In D. Miller (Hrsg.), E-Learning – Eine multiperspektivische Standortbestimmung (S. 210). Bern: Haupt Verlag.

Bortz, J. & Döring, N.(1995). Forschungsmethoden und Evaluation. Berlin: Springer Verlag.

Bundesministerium für Wirtschaft und Arbeit (2004). E-Learning für Mittelstand und öffentliche Verwaltungen - Ein Leitfaden zur erfolgreichen Nutzung und Produktion moderner E-Learning-Angebote.
http://www.bmwi.de/BMWi/Redaktion/PDF/Publikationen/Dokumentationen/e-learning-fuer-den-mittelstand-und-oeffentliche-verwaltungen-dokumentation-540,property%3Dpdf,bereich%3Dbmwi,sprache%3Dde,rwb%3Dtrue.pdf (Stand 10.04.2007)

BIBBforschung, (2002). E-Learning: Potenziale und Interessenlagen. Bertelsmann. http://www.bibb.de/dokumente/pdf/a12voe_bibbforschung_2002_02.pdf (Stand 10.04.2007)

BMBF (2006). Berichtssystem Weiterbildung IX. Bonn: Bundesministerium für Bildung und Forschung. http://www.bmbf.de/pub/berichtssystem_weiterbildung_neun.pdf (Stand 22.11.2006)

bbw online (2002). eLearning - Weiterbildung auf den Punkt gebracht! http://sites.bbwonline.de/c.php/bbwonline/kontakt/Infomaterial.rsys (22.10.2006)

Cognos und Institut für Innovationsforschung, Technologiemanagement und Entrepreneurship (2002). Akzeptanz von E-Learning. Empirische Studie. Frankfurt am Main. http://support.cognos1.de/de_DE/schulung/studie_ueberblick.pdf (Stand 10.04.2007)

Da Rin (2003). Vom E-Learning zum Blended-Learning. Luzern: Universität, Soziologisches Seminar.

Da Rin, D. (2005). Was Mitarbeiter vom E–Learning halten. wirtschaft & weiterbildung, März, 56–58.

Dittler, U. (2002). E-Learning. München: Oldenbourg Wissenschaftsverlag.

Dichanz, H. & Ernst, A. (2002). E-Learning – begriffliche, psychologische und didaktische Überlegungen. In U. Scheffer et al. (Hrsg.), E-Learning (S. 55). Stuttgart: J.G. Cotta'sche Buchhandlung Nachfolger GmbH.

Erkens, S. (2005). Wer sind die zentralen Stakeholder im Corporate E-Learning, was sind ihre Ansprüche und wie können diese ermittelt werden? In K. Wilbers (Hrsg.), Stolpersteine beim Corporate E-Learning (S. 35). München: Oldenbourg Wissenschaftsverlag.

Elsner, R. (2006). Mit optimalem Lern- und Methodenmix zum Erfolg. In S. Ludwigs, U. Timmler & M. Tilke (Hrsg.), Praxisbuch E-Learning (S. 70). Bielefeld: Bertelsmann.

Freyer, C. (2006). Blended Learning im Spannungsfeld der verschiedenen Interessen im Unternehmen? In S. Ludwigs, U. Timmler & M. Tilke (Hrsg.), Praxisbuch E-Learning (S. 107-121). Bielefeld: Bertelsmann Verlag.

Frank, G. (2002). Lernwelt in Bewegung: Kommunikation ist Lernen. In M. Christ et al. (Hrsg.), E-Learning mit Business TV (S. 9-14). Braunschweig: Friedr. Vieweg & Sohn Verlagsgesellschaft.

Hausmann, B (2001). Nicht ohne meinen Tutor, wirtschaft & weiterbildung, Juni, 50-53.

Herold, B. (2002). Business TV via Satellit – Anwendungen deutscher Unternehmen im Überblick. In M. Christ et al. (Hrsg.), E-Learning mit Business TV (S. 43-64). Braunschweig: Friedr. Vieweg & Sohn Verlagsgesellschaft.

Häfele, H. & Maier-Häfele, K. (2004). 101 e-le@rning Seminarmethoden. Bonn: managerSeminare Verlags GmbH.

Heller, M. (2002). E-Learning im betrieblichen Alltag. Was sich aus Akzeptanzproblemen und Qualitätsmängeln lernen lässt. In R. Neumann. & R. Nacke (Hrsg.), Corporate E-Learning (S. 155-168). Wiesbaden: Gabler.

Hartiep, R. (1998). Multimedia-Lernen. www.perdoc.de (Originalquelle unbekannt)

Institut für Betriebsräte-Fortbildung
http://www.betriebsrat.com/informationsportal/crashkurs/teil2.php (Stand 14.10.2006)

Jäger, W. (2001). E-Learning. PERSONAL, 7, 374-379.

Küpper, C. (2005). Verbreitung und Akzeptanz von e-Learning. Betriebswirtschaftliche Forschungsergebnisse, Band 128. Berlin: Duncker & Humblot.

Krause, T. (2006). Geschäftsmodelle im eLearning, TUDpress, Dresden: Verlag der Wissenschaften GmbH.

Kornmayer, E. (2004). Der Einsatz von Autoren-Software im Unternehmen. In J. Baumbach et al. (Hrsg.). Blended Learning in der Praxis (S. 93-108). Dreireich: IMSELBST-VERLAG.

Kirchmair, C. (2004 a). E-Learning Themenbereiche. In T. Hug (Hrsg.), Bausteine zur Einführung von E-Learning in Unternehmen (S. 33-50). Wiesbaden: DUV.

Kirchmair, C. (2004 b): Qualitätssicherung im E-Learning Bereich. In T. Hug (Hrsg.), Bausteine zur Einführung von E-Learning in Unternehmen (S. 99-108). Wiesbaden: DUV.

Kerres, M. (2005). Didaktisches Design und E-Learning. In D. Miller (Hrsg.), E-Learning – Eine multiperspektivistische Standortbestimmung (S. 163). Berne: Haupt Verlag.

Kröger, H. & Reisky, A. (2004). Blended Learning – Erfolgsfaktor Wissen. In N. Meder (Hrsg.), Wissen und Bildung im Internet, Bd. 6. Bielefeld: Bertelsmann.

Langosch, K. (2002). Business TV – ein bunt schillerndes Tool der Multimedia-Business-Communication – Replik auf den Business TV-Tag der Learntec 2000. In M. Christ (Hrsg.), E-Learning mit Business TV, (S. 15-22). Braunschweig: Vieweg Verlag.

Littig, P. (2002). Klug durch E-Learning? DEKRA Akademie. Bielefeld: Bertelsmann.

Masie, E. (2004). 701 eLearning Tips. The Masie Center.
http://www.masie.com/masie/default.cfm?page=researcharticles (Stand 26.11.2006)

Meier, R. (2006). Praxis E-Learning. Offenbach: GABAL Verlag GmbH.

Michel, L. P. (2006). Digitales Lernen, Forschung – Praxis – Märkte. Essen/Berlin: MMB Institut für Medien und Kompetenzforschung.

Nacke, R. & Neumann, R. (Hrsg.). (2002). Killer app oder Hype? E-Learning im Überblick. In Corporate E-Learning. Wiesbaden: Gabler.

Neumann, R. & Reichert, N. (2002). Die Technik zum Fliegen bringen – Erfolgsfaktoren für die Einführung von E-Learning. In R. Neumann & R. Nacke (Hrsg.), Corporate E-Learning. Wiesbaden: Gabler.

Olfert, K. & Steinbuch, P. (1993). Personalwirtschaft. Ludwigshafen: Friedrich Kiel Verlag.

personalmagazin (2006). E-Learning verlässt die Technikecke, 2, 14.

Pförtsch, W. (2002). Lernen in der New Economy. In U. Scheffer & F.W. Hesse (Hrsg.), E-Learning, Stuttgart: J. G. Cotta'sche Buchhandlung Nachfolger GmbH.

Pfeil, M & Hasebrook, J. (2000). Business-TV zur Mitarbeiterqualifizierung bei Banken. In M. Christ et al. (Hrsg.), E-Learning mit Business TV (S. 221-242). Wiesbaden: Friedr. Vieweg & Sohn Verlagsgesellschaft.

Pichler, M. (2001). Ängste ausschalten, Lernerfolg optimieren. wirtschaft & weiterbildung, Juni, 44-49.

Riekhof, H.-C. & Schüle, H. (2002 a) (Hrsg.). E-Learning und Wissensmanagement in deutschen Großunternehmen. In E-Learning in der Praxis. Wiesbaden: Gabler.

Riekhoff, H.-C. & Schüle, H. (2002 b) (Hrsg.). Die Nutzung von eLearning-Content in den Top350-Unternehmen der deutschen Wirtschaft. Unicmind.com AG. http://www.unicmind.com/unicmindstudie2002.pdf (Stand 15.April 2007)

Ropertz, D. (2002). Content is king! – Web-basierte Trainings. In R. Neumann & R. Nacke (Hrsg.), Corporate E-Learning (S. 75-82).Wiesbaden: Gabler.

Reglin, T. & Hölbing, G. (2004). Computerlernen und Kompetenz. Band 23. Forschungsinstitut Betriebliche Bildung. Bielefeld: Bertelsmann Verlag.

Reiser, M. (2006). Akzeptanz- und Nutzungsanalyse von eLearning im Rahmen eines Blended- Learning- Konzepts von Fujitsu Siemens Computers, unveröffentlichte Diplomarbeit, Universität München.

Reske, I. (2002). Erfahrungen aus der Sicht von Betriebsräten bei der Einführung von E-Learning. In R. Neumann & R. Nacke (Hrsg.), Corporate E-Learning (S. 193-197). Wiesbaden: Gabler.

Rockmann, U. (2004). Qualitätskriterien für IT-basierte Lernmedien – nützlich oder unsinnig? In Tergan, S. (Hrsg.), Was macht E-Learning erfolgreich? (S. 71-81). Berlin: Springer-Verlag.

Ross, A. (2004). Ausgewählte Ergebnisse der Marktstudie eLearning. In G. Roters et al. (Hrsg.), eLearning Trends und Perspektiven. Berlin: VISTAS Verlag.

Schaper, N. & Konradt, U. (2004). Personalentwicklung mit E-Learning. In G. Hertel (Hrsg.), Human-Resource-Management im Inter- und Intranet (S. 274-293). Göttingen: Hogrefe.

Schreiber, R. (1994). Die Prüfung der Personalfachkaufleute. Ludwigshafen: Friedrich Kiehl Verlag.

Seufert, S & Back, A. & Häusler, M. (2001). E-Learning – Weiterbildung im Internet. Kempten: SmartBooks Publishing AG

Seufert, S. & Mayr, P. (2002). Fachlexikon e-Learning: Wegweiser durch das e-Vokabular. Bonn: managerSeminare Gerhard May Verlags GmbH.

Sunter, S. (1999). Die Lernform des neuen Jahrtausends. Personalmagazin, 2, 34-37.

Stopp, U. (1989). Betriebliche Personalwirtschaft. Stuttgart: expert Verlag.

Staiger, S. (2004). Computerbasierte Lehr-Lern-Arrangements. Frankfurt am Main: Europäischer Verlag der Wissenschaften.

Schlüter, Dr. O. (2004). Erfolgsfaktoren für Blended Learning im Sprachenbereich. In J. Baumbach. et al. (Hrsg.), Blended Learning in der Praxis (S. 31-45). Dreireich: IMSELBST-VERLAG.

Scheffer, U. & Hesse, F. W. (2002). E-Learning. Stuttgart: J. G. Cotta'sche Buchhandlung Nachfolger GmbH.

Sauter, A. & Sauter, W. & Bender, H. (2004). Blended Learning. München: Wolters Kluwer Deutschland GmbH.

Schlottau, W. (2004). Fragen der Didaktik virtueller Lernprozesse. In K. Hensge & P. Ulmer (Hrsg.), Kommunizieren und Lernen in virtuellen Gemeinschaften (S. 92-116). Berichte zur beruflichen Bildung. Heft 261. Bielefeld: Bertelsmann.

Timmler, U. & Söntgerath, A. (2006). Wie Mitarbeiter überzeugte E-Learner werden! In S. Ludwigs, U. Timmler & M. Tilke (Hrsg.), Praxisbuch E-Learning (S.230-237). Bielefeld: Bertelsmann Verlag.

TAB Arbeitsbericht (2005). eLearning in der beruflichen Aus- und Weiterbildung. Zusammenfassung des TAB-Arbeitsberichtes Nr. 105. http://www.tab.fzk.de/de/projekt/zusammenfassung/ab105.htm (Stand 10.04.2007)

The Top500 of the German companies. http://www.top500.de/g0030025.htm (Stand 10.04.2007)

Volkmer, R. (2004). Blended Learning – Im Zeichen der Zeit. In J. Baubach et al. (Hrsg.), Blended Learning in der Praxis (S. 24-26). Dreireich: IMSELBST-VERLAG.

Wang, E. & Ross, A.(2002). Studien zum Markt für E-Learning aus den USA und Deutschland. In R. Neumann & R. Nacke (Hrsg.), Corporate E-Learning (S. 221-231). Wiesbaden: Gabler.

Wirth, M. (2005). Qualität in E-Learning. Paderborn: EUSL.

W.A.F. Institut für Betriebsräte-Fortbildung (2006). Die Rechte des Betriebsrates. http://www.betriebsrat.com/informationsportal/crashkurs/teil2.php (Stand 14.10.2006)

13. Anhang

Fragebogen Seite 1

FRAGEBOGEN

Welche Erfahrung haben Personalentwicklungsverantwortliche mit E-Learning gemacht?

Firma:

Branche:

Größe

1.	Position/Funktion im Unternehmen	
2.	Liegen unternehmensinterne Studien zu E-Learning vor?	☐ Ja ☐ nein
3.	Stellen Sie diese zur Verfügung?	☐ Ja ☐ nein
4.	Was verstehen Sie unter E-Learning?	
5.	Seit wann nutzen Sie E-Learning?	Datum:
6.	E-Learning Anteil an der Gesamtweiterbildung (Angebot)	%
7.	E-Learning Anteil an der Gesamtweiterbildung (Kosten)	%
8.	Konnten durch die Einführung von E-Learning die Weiterbildungskosten gesenkt werden?	☐ Ja ☐ nein %
9.a	Welche E-Learning Formen nutzen Sie?	☐ Virtual Classroom Bedeutung:
	Schulnoten 1=sehr große Bedeutung, 5= geringe Bedeutung	☐ CBT Bedeutung:
		☐ WBT Bedeutung:
		☐ Blended Learning Bedeutung:
		☐ Business TV Bedeutung:
9.b	Welche Komponenten nutzen Sie in der jeweiligen Form?	☐ CD Bedeutung:
	Schulnoten 1=sehr große Bedeutung, 5= geringe Bedeutung	☐ Download Bedeutung:
		☐ Online Bedeutung:
		☐ andere Bedeutung:
10.	Was tun Sie um auch bei E-Learning die Kommunikation zwischen Lernenden und Tutor bzw. anderen Lernenden zu ermöglichen?	☐ E-Mail ☐ Chat ☐ andere
	(synchron/asynchron)	☐ Forum ☐ keine Kommunikation

98

11.	Wofür ist E-Learning geeignet?	☐ Sensibilisierung für ein Thema ☐ Nachbereitung von Lernsessions ☐ Vermitteln von Informationen ☐ Begleiten eines Coachingprozesses	☐ Vorbereiten des Lernstoffes ☐ Entwickeln eines persönlichen Lernverhaltens ☐ andere	
12.	Welche Inhalte decken sie (fast) komplett durch E-Learning Angebote ab?			
13.	Für welche Inhalte kommt E-Learning nicht in Frage?			
14.	Zielgruppen für E-Learning	☐ Endkunden ☐ Vertriebspartner ☐ Top Management ☐ Gewerbliche Mitarbeiter ☐ Trainee / Support	☐ Außendienst ☐ Auszubildende ☐ Mittleres Management ☐ Sachbearbeiter/ kfm. Mitarbeiter ☐ Sonstiges	
15.	Sind Sie mit der Abdeckung zufrieden?			
16.	Welche Abteilungen nehmen überwiegend an E-Learning teil?			
17.	Denken Sie, die Teilnehmer sind mit dem E-Learning als **Alternative** zu Präsenztrainings zufrieden?	☐ Ja	☐ nein	
	Warum?			
18.	Denken Sie, die Teilnehmer sind mit dem E-Learning als **Ergänzung** zu Präsenztrainings zufrieden?	☐ Ja	☐ nein	
	Warum?			
19.	Wo lässt es sich am besten mit E-Learning lernen?	☐ Arbeitsplatz ☐ Zu Hause ☐ Unterwegs	☐ Lernraum im Unternehmen ☐ Internes Schulungszentrum ☐ Extern bei Schulungsanbieter	
20.	Weiterbildung mit E-Learning in der Freizeit oder Arbeitszeit?	☐ Arbeitszeit	☐ Freizeit	_____ %

21.	Gibt es unternehmensintern weitere Regelungen bezüglich E-Learning? (organisatorisch/zeitlich)	
22.	Für welche Schulungsthemen haben Sie gegenwärtig E-Learning im Angebot?	☐ Produktservice ☐ Kundenorientierung ☐ Bürokommunikation ☐ Sprachen ☐ Qualitätsmanagement ☐ Vertrieb ☐ Produktschulung ☐ Unternehmensthemen ☐ Office Software ☐ Internetnutzung ☐ Betriebswirtschaftliche Themen ☐ andere ☐ Softskills welche?
23.	Ordnen Sie den Schulungsthemen, die Ihrer Meinung nach ideale E-Learningform zu?	
24.	Für welche Schulungsthemen möchten Sie zukünftig (vermehrt) E-Learning im Angebot haben?	
25.	Gründe für die Einführung von E-Learning.	
26.	Wie ist E-Learning in die Weiterbildung integriert?	
27.	Welche Hemmnisse für die Nutzung von E-Learning sehen Sie?	☐ schlechterer Lernerfolg ☐ fehlende Unterstützung im Management ☐ fehlendes Know-How im Unternehmen ☐ fehlende Akzeptanz der Mitarbeiter ☐ fehlende Unterstützung in der DV-Abteilung ☐ Wegfall der Social Effects ☐ schwierige Einbindung in den Arbeitsablauf ☐ keine ☐ höherer Aufwand beim Einrichten und Betreiben d ☐ andere ☐ mangelnde Fähigkeit/Bereitschaft zum selbstorganisierten Lernen

Fragebogen Seite 4

28. Welche Vorteile hat Ihnen der Einsatz von E-Learning Komponenten gebracht?

- ☐ Erhöhte Verfügbarkeit
- ☐ Kostenersparnis
- ☐ Schnellere Aktualisierbarkeit
- ☐ Zeitersparnis
- ☐ Erhöhte Lernqualität
- ☐ Förderung des Selbstlernens
- ☐ andere

29. Was für Probleme hatten Sie bei der Einführung von E-Learning bzw. zur Zeit?

- ☐ Kosten der Einführung
- ☐ mangelhaftes externes Angebot
- ☐ mangelnde Mitarbeiterakzeptanz
- ☐ mangelhafte Managementunterstützung
- ☐ Vorbehalte des Betriebsrates
- ☐ mangelnde interne IT-Unterstützung
- ☐ andere

30. Welche Gründe sehen Sie für mangelnde Mitarbeiterakzeptanz?

31. Was haben Sie dagegen getan?

32. Welche Chancen erhoffen Sie sich aus der Nutzung von E-Learning

- ☐ höhere Qualität
- ☐ höhere Motivation
- ☐ besserer Lernerfolg
- ☐ Flexibles Lernen
- ☐ hohe Aktualität
- ☐ Schulung aktueller Themen
- ☐ Kostensenkung
- ☐ keine Vorteile
- ☐ andere
- ☐ Einsparung von Reisezeit
- ☐ Schnelligkeit

33. Welches sind Ihrer Meinung nach die wichtigsten E-Learning Erfolgsfaktoren?

34. Durch welche Maßnahmen kann die Akzeptanz für E-Learning verbessert werden?

35. Zukunft von E-Learning im Unternehmen